人的資源管理論

【理論と制度】

Human Resource Management

八代充史[著]

YASHIRO Atsushi

第3版

中央経済社

第3版へのまえがき

　新元号令和の初年となる今年は，本書の初版を刊行して10年，第2版を刊行して5年という節目の年である。2014年の改訂以降，人的資源管理論の分野では多くの新しい研究が行われた。また，労働法制も大幅に改正され，それに伴って人事制度も大きく動いている。本書は初学者向けのテキストであるので，そのすべてをフォローすることはかなわないが，初版以降の記述の分かり難い箇所を含めて大幅な加筆・修正を施した。また一部の章末にコラムを挿入した。大方の御叱正を賜ることが出来れば幸いである。

　第3版刊行に際しては，敬愛する友人である一守靖，中川有紀子の両氏から草稿に際して有益な御意見を頂戴した。日々実務に接しているお二人の鋭い御指摘は，大変有り難かった。また，初版及び第2版同様，㈱中央経済社学術書編集部の市田由紀子さんに刊行時期から内容面に至るまで大変お世話になった。記して御礼申し上げたい。さらに，章末に掲載したコラムの転載を御了解頂いた労働新聞社に深甚の謝意を表したい。

　しかし，本書の定期的な改訂は，読者の方あればこそ可能なことである。慶應義塾大学を初めとする講義履修者の皆さん，本書をテキストに御採用頂いている大学教員諸氏，そして本書の改訂版が刊行される度にウェブサイトで御紹介頂いている実務家の方々等，本書のユーザー各位に心から御礼申し上げる次第である。「有難うございました」。

2019年8月

八代　充史

まえがき

　本書は，大学の学部生を対象にした人的資源管理論のテキストである。本書のタイトルも「人的資源管理」という名称になっている。ただし，従来からある労務管理，人事管理といった講義で使用することもまったく問題ないと筆者は考えている。本文でも述べているが，そもそも「人的資源管理と労務管理は何が違うのか」といった「神学論争」に読者を誘うことは本意ではないし，また筆者自身関心がないからである。

　にもかかわらず「人的資源管理」というタイトルにした理由は何か。筆者はイギリス留学中にロンドンのシティ（金融街）の金融機関を訪問した際，「貴社では人事部門はどのような仕事をしているか」という点を繰り返し尋ねたが，ある投資銀行の人事担当者の答えは「Hiring People, Paying People and Firing People」というものだった。確かに，「雇って払って首にする」ことは人事の基本であるが，これは私の知っている世界とは違う。私の知っている世界では，人事担当者は「ヒトに付加価値をつける」ことにもっと一生懸命だった。要は「雇って払って首にする」以上のことを行うこと，つまり従業員を「コストで」ではなく「資源」として育成・活用することが多くの産業では企業間競争を勝ち抜くために重要だということを強調したいがために，「人的資源管理」という言葉をあえて使用したのである。

　ところで，これまであまた刊行された労務管理論，人的資源管理論のテキストと本書を比較すると，次の点に特徴があると言えるだろう。まず理論，歴史，国際比較，現状分析，という4本柱になっており，人的資源管理を多角的に検討できること。次に，現状分析に関しては，「高齢化」，「女性化」といった「○○化」の章を最低限に留め，領域ごとの記述を中心にしたこと。最後に多くのテキストで現状分析と基礎理論が充分噛み合っているとは言えないことに鑑みて，両者を可能な限り結びつけようとしたこと，以上である。本書の「競争力」がどの程度のものか，それは「市場」の判断に委ねたいと思う。

　本書の脱稿後，人的資源管理を巡る環境は激変した。2008年9月のリーマン・ブラザーズの経営破綻に端を発した急速な景気後退によって，多くの企業が厳しい雇用調整を行うことを余儀なくされている。また，派遣労働者の契約打ち切りの急増に伴い，これまで緩和の一方だった労働者派遣法にも見直しの気運が生じている。

　さらに，アメリカの大手投資銀行であるリーマン・ブラザーズの破綻は，日本モデル対アングロサクソンモデルという雇用制度間の「競争」にも影響することは避けられないだろう。

　本書は，もとより初学者を対象としたテキストであるため，これらの動きをすべてフォローすることは想定していない。しかし，人的資源管理の実態面を取り上げることは本書の重要な側面であるため，今後必要に応じて改訂を行いたいと思う。読者のお許しを頂きたい。

　本書の執筆を思い立ったのは，かれこれ5年以上も前，慶應義塾大学から福澤諭吉記念基金で英国留学の機会を与えられ，オックスフォードに滞在していた時点に遡る。当時時間に比較的余裕のあった筆者は，その年刊行された別の本の増刷の件で㈱中央経済社から御連絡を頂いた際に，「労務管理のテキストを書いてみたいのですが」というお願いを（今から思えば）いとも簡単にしてしまった。寛大な同社から御快諾頂いた後も，テキストを一冊書下ろしで書くことがどれほど大変かを，思いを巡らせることはなかった。「まあ2年近くあるし，何とかなるだろう」当時の気持ちを告白すれば，多分そんなものだったと思う。

　しかし，その後現地での実態調査で思いの外忙しくなってしまい，年が明けると身内の不幸やケムブリッジへの移動，アメリカ出張と，なかなか思うように時間を取れなかった。帰国すればしたで授業や学務でまとまった時間を確保することもままならない。春と夏の休みに書き溜めてはお渡しするという体たらくが何年も続き，本当に御迷惑をお掛けしてしまった。この場をお借りして心からお詫びしたい。

　というわけで，遅々として執筆が進まない筆者に，毎年日本労務学会で温かいお言葉を頂いた㈱中央経済社執行役員常務の江守眞夫氏，あるときはメールで，あるときは研究室に来訪され，筆者不在の際はメッセージを残され，最後まで叱咤激励を惜しまれなかった同社経営編集部の市田由紀子さんに深甚の謝

意を表したい。本当にありがとうございました。

　本書の基になっているのは平成 8 年以来慶應義塾大学商学部で筆者が担当している労務管理論の講義である。過去12年間の受講生から頂いた数々の質問や疑問点は，本書を執筆する上で大きな糧になっている。

　また毎週欠かさず授業に出席して講義ノートを作成し，学期末に快くコピーを提供してくれた八代研究会の優秀な学生達，松野寛子（3 期生），川本舞子（4 期生），草場（現・寒河井）朋子（5 期生），樋口真奈美（6 期生），門口瑠里子（7 期生），南絵里（8 期生），門田典子（9 期生），神田郁美（10期生），以上の諸君に記して感謝の意を表したい。

　さらに筆者は，平成 9 年から平成15年まで，社会経済生産性本部経営アカデミー人事労務コース（現人材マネジメントコース）でグループ指導および講義を担当し，留学中の中断を経て平成19年から同コースのコーディネーターを務めている。この間，企業の人事担当者の方々と繰り返し行った討論は，直接ではないにしろ，本書の行間に色濃く反映されている。お一人お一人のお名前を挙げることはできないが，厚く御礼申し上げたいと思う。

　敬愛する友人である梅崎修，南雲智映の両氏は，草稿の全てに目を通して数々の訂正や改善を示唆された。多くの誤りを未然に防ぐことができたことに対して，感謝の言葉もない。

　本書は，かくも多くの方々の御厚情によって誕生したが，その内容については心許ない部分も多々ある。大方の御叱正によって，より良いものにしていきたいので，忌憚のない御意見を賜ることができれば幸いである。

2009年 1 月

三田山上にて

八代　充史

目　　次

第1部 ┃ 人的資源管理の理論と歴史

第2部 ┃ 人的資源管理の諸領域

第1部

人的資源管理の理論と歴史

第 1 章

人的資源管理論とは

　これから「人的資源管理論」について勉強していくにあたって，最初に「人的資源管理とは何か」「人的資源管理論とは一体何をねらいとした学問なのか」という点について簡単に触れておきたいと思う。

人的資源管理論とはどのような学問か？

　人的資源管理論（英語では Human Resources Management：HRM）と言うと何やら難しいことを研究する学問ではないかと考える方も多いと思う。人的資源管理論とは，「市場経済の中で最大利潤の獲得を目的にした企業が，従業員を合理的に活用し，彼らのやる気を高めるためには何が必要か」ということを研究する学問である。

　厳密に言えば企業の目的は最大利潤の獲得とは限らない。売上高や市場シェアといったものが重視されることもある。また，昨今では法令順守（Compliance）や企業の社会的責任（Corporate Social Responsibility）といった点も重要である。しかし，いずれにせよ企業が市場経済の中で「儲ける」ために存在していることは疑いない事実である。

　例えば昨今企業に対して**ワーク・ライフ・バランス**（仕事と家庭の両立支援を行うこと）が求められている。筆者も，働く女性にとってこの問題は極めて重要であると考えている。しかし間違えてはいけないのは，「ファミリーフレンドリー」自体は人的資源管理の究極の目的ではなく，あくまでもその手段に過ぎないということである。そうではなくて，この問題を「仕事と家庭の両立支援を行うことが，企業の儲けにどうつながるのか」（例えば，従業員の生産性ややる気がどの程度高まるのか）という視点で考えるのが，人的資源管理論なの

である。

　もちろん，人的資源管理が行われるのは，企業に留まるものではない。中央官庁，NGO 等さまざまな組織体で日々人的資源管理が行われている。しかしこうした非営利団体で人的資源管理を規定する原理原則は，上記の「利潤原則」とは相異なる部分が少なからず存在するだろう（例えば中央官庁では，「利潤の極大化」ではなく，「天下り先の極大化」が基本の原理であるかもしれない）。従って，以下では，主に営利企業を念頭に置いて議論を進めることにしたいと思う。

人的資源とは

　まず，「人的資源」という言葉について説明しよう。これまで，ヒトの管理を扱う学問は**人事管理論**，**労務管理論**，あるいは**人事・労務管理論**という名称で呼ばれることが多かった。この本でこうした名称を用いず，人的資源管理論という言葉を用いる理由は以下の2点である。

　第1の理由は，**人的資源**という言葉に積極的な意味合いを持たせたかったことである。先述した最大利潤の獲得という企業行動は，市場競争から導き出される命題である。企業が市場競争で利潤を獲得するためには，他社より優れた製品やサービスを提供することが不可欠である。しかし，こうした製品やサービスの作り手や売り手は，他でもない自社の従業員である。従って，企業はこうした担い手を自らの手で手間隙掛けて育成しなければならない。即ち「人的資源」管理論は，従業員を単に「雇って使う」存在ではなく，（自らの手によって開発された）自社の競争力を高める上で必要欠くべからざる「資源」であると考える。最近従業員を「コスト」という観点でしか捉えず，「人件費は固定費から変動費化しなければならない」という主張がなされることがあるが，人的資源という概念はこうした見方の対極にあると言えるだろう。

　第2の理由は，ヒトの管理に関する従来の諸概念が，必ずしも統一的な意味合いを持っていなかったことである。例えば岩出（2000）によれば，人事管理や労務管理といった用語には，「広義」，「狭義」，「最狭義」があり，各々に意味合いが異なると言う[1]。筆者は，こうした用語は恐らく実際の企業組織の名称を反映しているのではないかと思う。例えば，「人事部」の中に「労務課」のある

企業を念頭に置けば，人事管理は労務管理の上部概念であるし，逆に「労務部」の中に「人事課」がある企業を念頭に置けば，当然ながら労務管理は人事管理の上部概念になるだろう。さらに，戦前はホワイトカラーとブルーカラーとの間には身分的格差があり，前者は人事課，後者は労務課という管轄の区分が存在したことから，ホワイトカラーの管理を人事管理，ブルーカラーの管理を労務管理と呼ぶという使い分けもなされていたと言う。この本ではこうした既成の概念による無用な混乱を避けるために，あえて**人的資源管理**という言葉を使うことにした。

管理とは何か

　そもそも，組織の中で「管理」が行われるのは一体なぜなのだろうか？　一言で言えば，その理由は**個人目的**と**企業目的**が一致しないからである。例えば，従業員が自分の賃金を上げてほしい，現在よりも高い役職に就きたいと考えるのは世の常であるとしても，現実問題として賃金支払い原資や役職の数は限られている。またヒトは誰でも自分のやりたい仕事に就きたいと考えるものであるが，組織の中には個人の希望の有無に関係なく誰かがやらなければならない仕事がある。即ち，人間の欲望が無限であるのに対して利用可能な資源は有限であること，そして組織が単なる個人の集合ではなく，「共通目的の達成」(collective achievement of goals) を目指していることが「管理」というものが必要とされる理由なのである(2)。具体的には，組織のメンバーシップを希望する者の中から誰にそれを与えるかという募集・採用，組織内で個人の希望を勘案しながら誰にどのような役割を与えるか，一旦与えた役割をどうやって見直すかという配置・異動・昇進，限りのある原資の中で従業員のやる気を高めるためにはいかなる配分が望ましいかという賃金管理などが，人的資源管理の主要な領域であると言えるだろう。

人的資源管理論の理論

　ところで，学問体系には大きく分けて2つの分類基準が存在する。まず第1は，「経済学」，「社会学」といった「学」のつく学問。もう1つは，「人的資源管理論」，「世界経済論」といった「論」のつく学問である。

図表1-1　人的資源管理論の学問的アプローチ

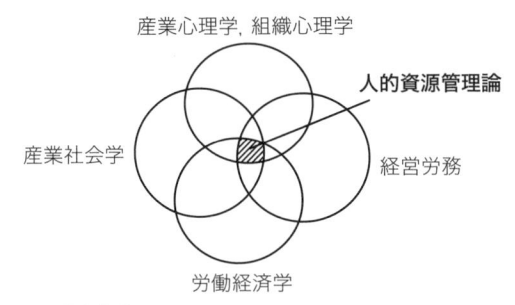

資料出所：筆者作成。

　それでは，「学」と「論」との違いは一体どこにあるのか。簡単に言えば，前者は理論による分類であるのに対して，後者はそれぞれの学問が取り扱う対象領域によって分類が行われている。したがって，「人的資源管理論」は「人的資源管理学」という固有の学問領域を持たない代わりに，さまざまな方法論からのアプローチが可能になっている（図表1-1参照）。

　ここで，従来どのような学問が人的資源管理（これまでは「労務管理論」や「人事管理論」と呼ばれることが多かった）を対象にしてきたかを見ると，まずヒトの管理はモノやカネと並んで企業経営の重要な側面であることから，**経営学（経営労務）**が高い「占有率」を誇っていた。しかし，その後小集団におけるインフォーマルな側面や労働者の「やる気」という問題が重要になるにつれて，**社会学（産業社会学）**や**心理学（産業心理学）**が進出してきた。さらに，人的資源管理に対する「最後発参入」であるが近年最も発達しているのは，人的資源管理の重要な側面である賃金や雇用を長年研究してきた**労働経済学**である。

　さてこの本では，こうしたさまざまな学問体系によって行われてきた人的資源管理の研究を充分参考にしていきたいと考えている。しかし，そうは言っても，生い立ちの異なるこれらの学問体系とすべて等距離で接することは不可能である。この本では，上記最後に述べた労働経済学，特にこの20年から30年間多くの研究が蓄積されてきた**企業内労働市場論**を主な拠りどころにしながら，人的資源管理について考えていくことにしたい。人的資源管理の目的が，先に

述べた「労働力の合理的な活用による最大利潤の獲得」にあるとすれば，こうした企業の管理活動を解明するためには，経済学の助けを借りることが適切であろう[3]。

　しかし，第1章で強調するように，企業が人的資源管理を通じて最大利潤の獲得を目指すためには，単に彼らを合理的に活用するだけではなく，彼らのやる気（これを**モチベーション**と言う）をいかに高めるかが重要であり，この点については社会学や心理学に依拠することが不可欠なのである。

この本の構成

　人的資源管理論に関するイントロダクションを終えるにあたり，この本の骨格について説明しておきたい。この本では，以下に掲げる4つを「柱」として重視している。

　まず第1は，人的資源管理の「理論」である。「理論」とは，複雑にして多様な社会現象を抽象化して事象と事象の因果関係を示したものである。我々が社会事象を見る際には，個々人の感情に惑わされることなく，あくまでもそれを客観的に捉え，その上であるべき方向性を提言するという姿勢が必要である。要するに，理論というのはモノの見方，言葉を変えれば「プロのモノの見方」であると言えるだろう。

　この点，第2章では，この本で取り上げる人的資源管理のさまざまな活動を概観する。また，人的資源管理の目的やその対象など，人的資源管理にまつわるさまざまな概念を取り上げる。続く第3章では，人的資源管理と労働市場について検討する。現実の労働市場は必ずしも経済学の教科書が想定するような全国一律ではなく，企業ごとに分断されており，こうした企業内労働市場と外部労働市場，準企業内労働市場という3つの領域に分かれている。そして，各人がいかなる人的資源管理の下に置かれるかは，彼らが労働市場のどの領域に所属しているかによって規定されている。

　しかし，理論とは複雑な社会現象を抽象化して普遍的に妥当するものとして構築されているが故に，こうした枠組みから必然的にこぼれ落ちてしまうものが存在する。それが，この本の第2の柱である「歴史」である。およそ国民国家というものは，何かしら過去の歴史の延長線上（しがらみ？）に現在があり，

人的資源管理もその例外ではあり得ない。過去の法律，労使関係，海外からの技術移転，特定時期に生じた経済発展などが人的資源管理にどのような影響を及ぼしたかを検討することは，その今日を知る上で極めて有効であろう。第4章では，アメリカと日本について人的資源管理の歴史を取り扱う。ただし残念ながら，この部分は紙幅の関係で，記述は基礎的なことに留まらざるを得ない。読者はこの本を取っ掛かりにして，さらに他の文献から知識を補って頂きたい。

　第3に，人的資源管理の「実態」を採用，配置・異動，昇進，賃金と言った領域ごとに検討する。筆者は人的資源管理の研究を30年以上続けているが，その大部分をホワイトカラー・管理職層の異動や昇進の実態，あるいはそれを規定する職能資格制度や人事部門の実態の解明に費やしている。したがってこの部分は，筆者の「比較優位」，言葉を換えれば，他のテキストと「差異化」される部分である。具体的には，初期キャリア管理（第6章），異動・昇進管理（第7章），定年制と雇用調整（第8章），賃金・労働時間（第9章），人事考課（第10章），人的資源管理の国際比較と国際人的資源管理（第11章），を取り上げる。さらに第5章では，人事部門，人事制度という人的資源管理の前提になる組織と制度について検討する。

　しかしこうした実態重視は，ややもすれば「洪水」のような事実に押し流されてしまうことになりかねない。そうならないためにこそ，先述した「理論」が必要になるのである。

　最後の第4点は「国際比較」である。学問体系の中心にあるのが「理論」と「実態」であるとすれば，それを貫く横軸は「歴史」であり，縦軸が「国際比較」である。我々は，理論を踏まえて実態を分析するわけであるが，その実態と言うものは過去の歴史の延長にあり，また他国と比較した場合さまざまな共通点や相違点が存在する。そこでこうした共通点や相違点が一体如何なるものであり，それが何によって規定されているかを明らかにするのが国際比較研究である。この点については，共通性を重視するものから各国の特異性を強調するもの，またそれを規定する変数に関しても技術から文化までさまざまである。いずれにせよ，国と国との相互依存が高まっている今日では，他国の状況を正しく理解することが重要であるのを忘れてはいけない。国際比較を検討するのは第11章である。

＜注＞

(1)　岩出（2000），pp. 3 〜 5 。

(2)　スチュアート（Steuart, Rosemary, 1994），p.23。

(3)　企業内労働市場に関する研究は枚挙に暇がないが，代表的なものとしては1971年に刊行されたドーリンジャー＝ピオレ（2007），また日本のものでは有賀＝ブルネロ＝大日（Ken, Ariga, Giorgio Brunello and Ohkusa Yasushi, 2000），がある。

第 2 章

人的資源管理のさまざまな概念

　第1章で述べたように，人的資源管理に関する用語は，人によって使われ方がさまざまである。特に「人事管理」，「労務管理」と言った言葉に，各々「広義」，「狭義」，「最狭義」が存在するのは，人的資源管理に関する従来の研究が帰納的な類型化に留まっており，演繹的な考察が充分行われていないことを示している。他方最近は，「戦略的人的資源管理（Strategic Human Resources Management；SHRM）」という議論もなされており，アメリカやイギリスではこの点に関するテキストや研究書は枚挙に暇がない[1]。しかし SHRM は机上の議論としては精緻化されているものの，その実証はこれからの課題である。

　したがって，以下ではこれまでの定義は取りあえず「御破算」にして，読者がこの本を読み進める上で無用な混乱を起こさないよう人的資源管理に関するさまざまな概念を再定義することにしたい。

　通常こうしたテキストでは，まず「労務管理とは何か」，「労務管理の目的とは何か」といった問題が最初に論じられる。それはこの本でも同じである。ただし，筆者はこうした「神学論争」にいきなり読者を誘うことはいたずらに人的資源管理論に対する興味を失うだけで終わってしまうのではないかと考える。そこで以下では，人的資源管理がどのようなものであるかという具体的なイメージを読者に持って頂くために，企業が日常行っている諸活動（当事者は，必ずしもここで言うところの「人的資源管理」という概念を共有しているとは限らない）を見ていくことにしよう。

1　人的資源管理の領域

募集・採用

　まず,人的資源管理の重要な機能は,労働力を調達することである。「メンバーシップを誰に与えるか」という点はあらゆる集団において重要な課題であり,企業ももちろんその例外ではあり得ない。一旦与えたメンバーシップを解消するために時間とコストが必要になるのは,洋の東西を問わないからである。

　一般に,企業は労働力の調達に際して,**①異動・昇進**,**②出向・転籍**,**③募集・採用**,という3つの選択肢を有している。人的資源管理と労働市場という観点から言えば,企業は労働力の調達を労働市場から行うが,①は企業内労働市場,②は準企業内労働市場,③は外部労働市場,にそれぞれ対応している(図表2-1参照)。労働市場とは,労働力というサービスが取引されて,その価格である賃金と取引量である雇用が決められる場である。従って,異動・昇進は「企業内労働市場を通じて労働力を調達すること」,出向・転籍は,「準企業内労働

図表2-1　労働市場の概念図

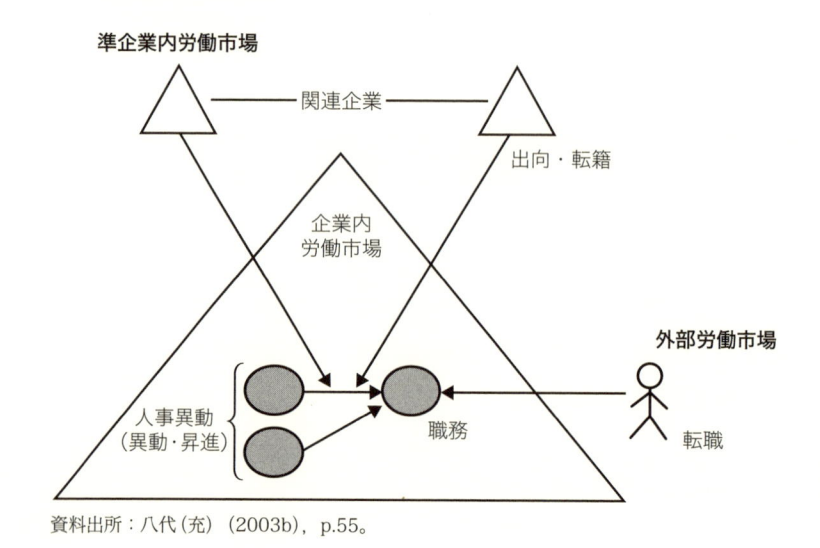

資料出所:八代(充)(2003b), p.55。

市場を通じた労働力の調達」，さらに募集・採用は「外部労働市場から労働力を調達すること」と定義できる。特に日本では，これまで職業経験のない**新規学卒者の一括採用**がその中心だった。労働市場については，第3章で詳しく述べることにしよう。

配置・異動，昇進

　募集・採用が企業外から労働力を調達することであるとすれば，企業内で労働力を調達するのが配置・異動，昇進である。企業が従業員を雇用するのはそれ自体が目的ではなく，「利潤極大化」という究極の企業目標に関して，何らかの役割を担わせたいからである。こうした役割の最小単位が**職務**であり，配置とは，採用した従業員を企業内で職務に配分すること（特に新規学卒者の最初の職務配置を初任配属と言う），異動とは，所与の条件の下で一旦決められた職務を見直し，新しい職務に配置し直すことである。こうした異動が，より高いレベル（或いは責任の重い）の職務に行われることを**昇進**と言う。日本の企業を念頭に置くと，昇進はより上位職位（職務）に異動する役職昇進と，より上位の資格に異動する資格昇格に分けられる。こうした企業の労働力調達を個人側から見ると，ヒトが仕事に移動すること（募集・採用は，新卒者を除けば転職である），即ち労働移動が行われている。

　ところで配置・異動，昇進は，企業主導（日本の企業では人事部門）で行われるものと，従業員主導によって行われるものとがある。前者は4月，7月，10月など特定の時期に集中して行われる。これを定期異動と言う。企業主導型の人事異動が定期異動という形で行われるのは，五月雨式の人事異動がコスト高になるからである。他方後者を可能にするのは，社内公募や社内ドラフトといった個人選択型人事制度である。

人事考課

　ところで人事異動は本人との面談や自己申告などを参考にしているが，**人事考課**の結果によるところが大きい。人事考課とは，一言で言えば「企業の通信簿」，即ち企業が昇進や賃金など経営資源を配分する際に，従業員の貢献度を見極めるために行う情報収集活動である。しかし，人事考課には，こうした「差

をつける」ことだけではなく，従業員の強み弱みを把握して本人にフィードバックするという人材育成の側面があることも事実である。

退　職

　これまで，企業内外の労働市場から労働力を調達することや，従業員の職務配置およびその見直しについて述べた。ところで，企業は一旦採用した従業員の雇用を生涯にわたって保障するわけでは決してない。むしろ，自らの活力を維持するためには労働力の新陳代謝を図り，生産物需要の減少から派生して労働需要が減少した際は，それに対応しなければならない。したがって，従業員の退職にまつわる管理は，募集・採用が言わば人的資源の「入学」であるとすれば，人的資源の「卒業」という重要な役割を担っている。

　退職には，従業員による自発的な退職と，企業が強いる退職とがあり，後者は**定年制**によるものと**解雇**によるものとがある。定年制は一定年齢で従業員を強制退職させる仕組みである。定年制を設けるか否かは企業の任意であるが，設ける場合60歳未満の定年年齢は無効である。他方，解雇については，①雇用期間の満了に伴う普通解雇，②雇用調整を行うための整理解雇，③懲罰の意味合いを持つ懲戒解雇，などに分けられる。なお，厳密には，両者の中間に合意退職（退職勧奨）という類型も存在する。

　これまで，採用から退職に至る一連の管理について述べた。採用は雇用関係の締結を，退職は雇用関係の終了を意味しており，配置・異動，昇進を含めるとすべてヒトと仕事の関係にまつわるものである。またこの点は，厚生労働省が毎年行っていた『雇用管理調査』の調査内容とも一致する。以下本書では，こうした領域を**雇用管理**と呼ぶことにしたい。

　次に，雇用管理の外側に人的資源管理のどのような領域があるかを見ることにしよう。

賃金・労働時間

　市場経済において，労働者は自らに体化された労働力と言うサービスを企業に提供し，その報酬として賃金を受け取る。労働力というサービスが取引され

るのが労働市場であり，それが企業内労働市場，準企業内労働市場，外部労働市場，という3つの領域に分かれることは，既に述べた通りである。雇用管理は，労働力の取引量である雇用に関するものであるが，賃金管理は人的資源管理の今一つの重要な柱を成している。労働者にとって賃金は生活の糧であるから，彼らは常に賃上げを指向する。他方賃金はコストであり，過度な賃上げは利益を侵食するから，企業は可能な限りそれを抑制しようとする。賃金管理は，こうした両者のせめぎあいの中で行われているのである。

　また，賃金額一定の下で労働時間が短縮されれば，それは時間当たり賃金の上昇を意味するから労働時間は賃金と共に重要な労働条件であると言えるだろう。他方「総額人件費＝時間賃金額×労働時間×従業員数」であるから，労働時間の調整は，雇用調整や賃金調整と共に総額人件費を調整するための重要な手段である。

教育訓練

　先に賃金は労働力の価格であると述べたが，あらゆる商品がそうであるように，価格はその価値に依存する。しかし労働力の価値は，生得的なもの，学校教育や職業教育によるもの，外部労働市場で獲得したものには必ずしも留まらない。企業は従業員の価値を高め，それを利潤に結びつけるために**教育訓練**を行っている。

　企業が，従業員の**人的資本形成**のために自ら費用を負担して行う教育訓練は，①仕事を離れた訓練（**OFF-JT**），②仕事に就きながらの訓練（**OJT**），という2つの側面に分けられる。前者は，教育訓練部門によって行われる新入社員教育等の集合教育，資格取得援助，企業外教育機関（例えば**ビジネス・スクール**など）への派遣などである。

　他方後者は，企業が訓練を意図して従業員に仕事をさせること，具体的には職場の中で上司が部下を指導することや職場や部門，あるいは人事，経理といった職能を超えて従業員を異動させることを意味している（単に仕事をしているだけでは訓練ではない。それでは社員全員が訓練を受けていることになる！）。

福利厚生，コミュニケーション，労使関係

　第1章に従えば，人的資源管理は「市場経済の中で最大利潤の獲得を目的にした企業が，従業員を合理的に活用し，また彼らのやる気を高めるために行う諸活動」と定義できる。先に述べた雇用管理に，賃金・労働時間，教育訓練を加えると，「従業員の合理的活用」にまつわる諸活動はすべて出揃ったことになる。以下，雇用管理にこの3つを加えたものを**人事管理**と呼ぶことにしよう。

　しかし，人的資源管理は，上記の定義からも明らかなように「従業員の合理的活用」では説明できない活動も実際には行われている。例えば，企業はかつて社宅や保養所をつくり，運動会や職場旅行を支援した。現在社宅は売却され，保養所はリゾートマンションに置き換えられたとしても，従業員の**福利厚生**にお金を出していることに代わりはない。また，職場の管理職に求められる要件としては，仕事の配分や人事考課だけではなく，しばしば部下との**コミュニケーション**が重視される。さらに，こうした個々の従業員との関係だけでなく，従業員の集合体である労働組合との関係，即ち**労使関係**を法律の枠組みに従ってどのように管理するかも極めて重要である。

　以上，人的資源管理の全貌が明らかになった（図表2-2参照）。最後に述べた福利厚生，コミュニケーション，労使関係に共通するのは，労働市場で取引される労働力の側面ではなく，やる気や人間関係といった，**人間人格**の側面に関係していることである。次節では，「人的資源管理の対象は？」「人的資源管理の目的は？」というそもそも論に話を戻そう。

図表2-2　雇用管理，人事管理，人的資源管理

```
募集，採用
配置，異動
退職          雇用管理
─────────────────────────
教育・能力開発              人事管理
賃金，退職金，作業条件
─────────────────────────
福利厚生，人間関係，労使関係   人的資源管理
```

資料出所：筆者作成。

2 人的資源管理の対象, 目的, 主体

人的資源管理の対象

この本で論じる人的資源管理の対象は, 各企業が雇用する**従業員**である。先述したように, 市場経済では労働者は**労働力**を企業に提供し, 使用者の指揮・命令の下で労働し, その対価として賃金を受け取る。言うまでもないが, 労働者が提供するのはあくまで労働力というサービスであり, 人間そのものが奴隷のように売買されるわけではない。これが労働市場と奴隷市場の最大の違いである。

さて企業が必要とするのは,「**個別企業の目的達成に役立つ具体的有用性をもつ労働力**」[2]である。即ち, 企業が必要としているのは自らの儲けに貢献する人材であり, 従って**エンプロイアビリティ**（employability, 雇用可能性）を有する人材, **市場性のあるスキル**を持った人材の育成を個別企業が行うインセンティブは, 乏しいと言わざるを得ない。

こうした具体的有用性を持った労働力を外部労働市場で調達することは難しい。フェファー（Pheffer, Jeffery）という経営学者が明解に述べているように, ある企業が市場から調達できるものは当然他社も調達できるから, 結果自社と他社を差異化することはできない（フェファー, 1998）。したがって, 企業は従業員を自らの手でその要求に適合する労働力に育成しなければならない。これが企業内労働市場である。

ただし, 従業員が有しているのは, こうした労働力という側面には留まらない。一人の従業員には, 市場で売り買いされる労働力という側面と人間人格という側面が分かち難く結びついている。したがって, 企業は人的資源管理の目的とも関連するが, 従業員の労働力という側面はもちろんその人間人格という側面にも働きかけている（森編, 1989, 第1講）。

人的資源管理の目的

この本では,「市場経済の中で, 最大利潤の獲得を目的にした企業が, 従業員を合理的に活用し, また彼らのやる気を高めるために行う諸活動」を人的資源

管理と定義した。この点を踏まえて，人的資源管理の目的を以下に具体的に説明しよう。

　この点白井（1992）は，人的資源管理（白井自身は「労務管理」という用語を用いている）の目的は，**組織目標のために必要な労働力資源を開発し，活用すること**，具体的には，**低労働費用**，即ち**労務費率**（売上高・出荷額に占める労働費用の割合）を低下させることであるとしている[3]。

　しかし白井も指摘するごとく，「低い労務費」は必ずしも「低い賃金」を意味しない[4]。確かに労働生産性が一定であれば，この2つはイコールである。しかし労働生産性が向上すれば，高い賃金と低い労働費用が矛盾しないことは，以下に記す例からも明らかである。例2は例1に比べて労働費用は2倍になっているが，売上高が3倍になっているので結果労務費率は低下しているのである。

　この場合，労働生産性向上には①賃金を上げる一方で，コストを吸収するために生産性を向上させる，②賃金を上げること自体が，従業員のやる気を高めるという生産性向上効果がある，という2つの側面があるだろう。

　以上明らかなように，人的資源管理の直接の目的は**労働生産性向上**に他ならないのである。

労務費率の比較
　例1　　3,000（労働費用）/10,000（売上高）＝30%
　例2　　6,000（労働費用）/30,000（売上高）＝20%

　それでは，労働生産性を向上させるためには何が必要なのか。生産性を規定するのは，以下の諸要因である（森編，1989，第1講）。

　まず第1点は，**労働能力**である。労働生産性を従業員1人当たりのアウトプットと定義すれば，より高い労働能力を有する従業員の生産性がより高いことは，ほとんど自明であろう。企業は労働能力を維持・向上させるべく，不断に従業員の育成に努めなければならない。そのために行われるのが，先述した雇用管理や人事管理である。即ち企業は，まず従業員の労働力という側面に働きかけることによって，労働能力向上に努めている。

　ただ，いくら労働能力を高めても，そのことは必ずしも労働生産性向上には直結しない。企業は，労働能力と共に**労働意思**をも企業にとって望ましい状態

にすることが必要になる（もちろん，このことは従業員を「マインドコントロール」する必要があると言っているのではない！　従業員の気持ちを仕事に向けていくにはどうすれば良いか，という話である）。

　従業員の労働意思を規定する要因として重要なのは，①労働意欲の程度，②職場の人間関係の安定度，③労使関係の安定度，の3つである（森編，1989，第1講）。これらは先に述べたように，いずれも従業員の人間人格という側面に対応しており，それゆえ「労働力の合理的活用」とは直接関係ない福利厚生や人間関係管理も人的資源管理の活動に含まれるのである。

　これまで述べたことをまとめよう。人的資源管理には，まず「労働力の合理的活用」による労働生産性向上という側面があり，それに対応するのが雇用管理や人事管理である。人事管理は従業員の労働力という側面に主に働きかけ，賃金と雇用を決定するという労働市場の基本的役割を担っている。これが企業内労働市場である。他方福利厚生や人間関係は人間人格の側面に働きかけることによって，労働意思の側面から長期的な労働生産性の向上を目指している。厳密に言えば，雇用管理や人事管理は，労働力としての側面だけに働きかけているわけではない。賃金管理には，労働力の合理的活用と共に，それによってやる気を高め，生産性の向上に寄与するという側面もあることは先述した通りである。

人的資源管理の主体

　この章では，人的資源管理の領域やその対象，目的といった点について説明した。ところで，こうした人的資源管理は，一体誰によって行われているのだろうか。職能別組織を前提にすれば，企業の中には，一般に人事部と呼ばれる人的資源管理を専門に担当する部門や職能が存在するが，人的資源管理はこうした部門が行っているのだろうか。

　一言で言えば人的資源管理は，**トップ・マネジメント**，人事部門，**ライン管理職**という三者による分業によって行われている（森編，1989，第1講）。

　まず，トップ・マネジメントは，人的資源管理の基本方針の策定という最も川上の部分を担っている。先に「人的資源管理を行うのは，人事部なのか？」

という問いを発したが，他の経営管理と同様，「人事が経営を決定する」のではなく，あくまで「経営が人事を決定する」のである。

　次に人事部門は，人的資源管理に関する計画立案・制度づくりと専門的サービス提供を担当している。具体的には①企画・立案（例・人員計画），②調整（人事異動・人事），③オペレーション（募集・採用），④労使関係の窓口，といった点が挙げられる。要するに，人事部門はトップが適切な意思決定を行えるよう助言を行う「参謀」的役割を果たしており，軍隊用語から派生したライン（縦の命令系統）とスタッフ（ラインへの助言機能）という区分で言えば，スタッフ部門に属している。ただしこのことは，スタッフ部門の中に縦の命令系統（人事部長—人事課長—人事係長）が存在することを否定するものではない。

　しかし，およそ物事は「方針」，「計画」，「助言」だけでは終わらない。人的資源管理は「方針」と「計画」に従って「実行」されなければならない。人的資源管理の「実行」という最も川下に位置するのが，職場で実際に部下を管理するライン管理職である。

　最後に，こうした分業体制の具体的例示をして，この章を終わることにしたい。例示は，「新しい評価制度の導入」としよう。

　まずトップ・マネジメントは，（トップ自身の見識か，あるいは「他社が導入しているから」という世間相場への追随かは別として）新しい評価制度の導入を決定する。そして，人事部門にその具体的な検討を指示する。

　こうしたトップからの指示を受けて（日本の組織では「御下命」と言われることがある），人事部門が行う仕事は次の3つである。第1は，新しい評価制度の「ひな型」を作成すること。これは，必ずしも自社内ですべて行うとは限らない，部分的あるいはその多くをコンサルタント会社に外注する場合もある。第2に，評価制度は多くの場合従業員の賃金格差拡大を意図しているから，労働組合との調整は重要な仕事である。さらに第3点，被評価者，つまり評価される側である一般従業員への説明も欠くことはできないだろう。

　しかし評価制度のユーザーは，「評価される側」ではなく，あくまでも「評価する側」，つまりライン管理職である。トップ・マネジメントの指示で始まった「新しい評価制度」は，ライン管理職が新しい制度に基づいて評価を行って，初めて完結するのである。

　従って，評価される従業員はもちろん，ライン管理職が新しい制度を充分理解しているかどうかは，制度の成否にとって決定的に重要である。先に人事部門の役割として3つの点を挙げたが，実は第4点としてライン管理職との調整，具体的には制度の内容をいかに理解してもらうかということがある。ライン管理職は人的資源管理の「実行」という最も川下に位置しているが，彼らには営業，製造，技術といった本来の業務があり，人的資源管理に専念しているわけではない。この点が人事部門とは決定的に異なっている。したがって，人事部門から新しい制度について充分な説明がなければ，「人事からやらされている意識」だけが堆積し，新しい制度が充分機能することなく「お蔵入り」することになりかねない。この点は，第10章で再度取り上げることにしよう。

<注>

(1)　戦略的人的資源管理論については，例えば岩出（2002），須田（2010）を参照されたい。

(2)　白井（1992），p. 5。

(3)　白井（1992），pp. 5 〜 7。

(4)　白井（1992），p. 9。

第3章

人的資源管理と労働市場

　第2章では，人的資源管理に関するさまざまな概念について説明した。しかし，ここで注意しなければならないのは，企業がすべての労働者に対して同じ人的資源管理を行っているわけではないということである。例えば賃金については，企業の中核的労働力である正規従業員とパートタイマーでは，前者が月給あるいは年俸，また後者が時間給と大きく異なっている。人的資源管理の中心である賃金と雇用を決めるのは労働市場だから，こうした違いは労働者が異なる労働市場に所属していることから生じると言えるだろう。以下，この章では人的資源管理と労働市場の関係について論じることにしたい。

1　労働市場とは

企業内労働市場，外部労働市場，準企業内労働市場

　まず，「市場」とは何か，という基本的な点から始めよう。**市場**とは，モノやサービスの売り手（供給側）と買い手（需要側）の相互作用によって取引が行われ，その結果値段や取引量を決めるところである。**労働市場**とは生産要素の1つである労働力というサービスの取引が行われる場であり，**労働供給側**（ヒト）と**労働需要側**（企業）とのマッチングを行い，その結果労働力の価格である**賃金**と取引量である**雇用**を決定する。厳密に言えば，従業員は企業に雇われると役割の最小単位である職務に配置されるから，労働市場はヒトと職務のマッチングを行うところである。

　ただし，市場は可視的なものとそうではないものとがある。例えば，築地の生鮮食料品市場は目で捉えることができるが，労働市場は必ずしもそうではな

い。読者は，この本で使われる「労働市場」という言葉を，論理的思考を進めるための1つの概念と受け取ってほしい。強いて言えば公共職業安定所（失業者に仕事を紹介する国営機関）が，労働市場の可視的なイメージに最も近いと言えるだろう。

　さて，我々は今日賃金と雇用の決定の担い手として「企業」を無視することはできない。企業に雇われている**正規従業員**の賃金や雇用は，伝統的な労働経済学の教科書にある全国一律の労働市場ではなく，**個別企業のルール**に基づいて賃金テーブル（年齢，勤続年数や仕事ごとの賃金額を定めた表）や人事部門によって決められている。これが**企業内労働市場**である。クラーク・カー（Kerr, Clark）という労働経済学者は，既に1950年代に労働市場が個別企業や職業ごとに分断されていることを発見し，これを小国が林立しているバルカン半島になぞらえて「労働市場のバルカン半島化」と呼んでいる。

　しかし，こうした企業内労働市場をすべて足し合わせても，必ずしも労働市場全体を理解したことにはならない。こうした企業内労働市場の外側には，有期雇用の**パートタイマー**や「人材リース」の**派遣労働者**，さらにはヘッド・ハンティング（人材スカウト代行業）やアウトプレースメント（再就職支援），個人の意思による転職市場などが存在する。

　上記に共通するのは，第1に賃金や雇用が短期的な需給の増減で変動すること，第2に，そこで決まる賃金額は世間相場であり，したがって個々の企業はそれを所与として行動せざるを得ないことである。こうした**需給メカニズム**によって決められる領域を**外部労働市場**と言う。

　また，企業内労働市場と外部労働市場との間には**準企業内労働市場**と呼ばれる中間領域も存在する。日本では，出向元に籍を置きながら出向先で仕事をするという出向・転籍が広く行われており，雇用調整や人材育成，さらに親企業と関連企業との結びつき強化などさまざまな機能を果たしている。彼らの賃金と雇用は，個別企業のルールと需給メカニズムのちょうど中間領域で決められる。

労働市場の類型化

　これまで述べたことをまとめて，3つの労働市場を類型化すれば以下の通りである。

　まず，企業内労働市場では，賃金と雇用は個別企業のルールによって決められる。他方外部労働市場では賃金と雇用を決めるのは需給メカニズムである。ただし労働市場が労働需給のマッチングを行うところであるという点で，両者に違いは存在しない。両者の相違点は，それを需給メカニズムという「短期の論理」で行うか，あるいは取りあえずこうした外部労働市場とは切り離された個別企業のルールという「長期の論理」で行うかである。準企業内労働市場は，両者の中間である。伝統的な経済学では，賃金は競争市場によって決定され，企業はそれを所与として雇用量を決定すると考える。企業内労働市場は，賃金と雇用が両方共に企業内で決められることを意味している。

　また労働市場では，需給のマッチングはヒトが仕事に移動する（逆はない）という形で行われる。これを**労働移動**と言う。企業内労働市場では人事部門という「権限」に基づき異動・昇進（正確には，**企業内昇進**）によってマッチングが行われるのに対して（もっとも，最近は社内公募制度や社内ドラフト制度といった競争メカニズムの社内版を採用する企業が増えている），外部労働市場では，個人が転職（企業からすれば中途採用）という形で企業（職業）を移動し，これに官民さまざまな職業紹介機関が関与して需要側（求人側）と供給側（求職者）に情報提供を行っている。準企業内労働市場における労働移動は，出

図表3-1　企業内労働市場，外部労働市場，準企業内労働市場

	対　　象	雇用契約	原理・原則	需給調整（労働移動）の形態
企業内労働市場	正社員	期間に定めなし	個別企業のルール 長期の論理 組織の原理	異動・昇進
外部労働市場	非正社員 （パートタイマー，人材派遣，嘱託） 転職者	有期契約，非直用	需給メカニズム 短期の論理 市場原理	転職（採用）
準企業内労働市場	出向・転籍者	期間に定めなし	企業内市場，外部市場の中間	出向・転籍

資料出所：八代（充）（2002），p.8に加筆・修正。

向・転籍である。企業が解雇を行うことが容易であり，従業員の転職が頻繁であれば，企業内の労働需給マッチングはそれ程重要ではない。しかし，後述する雇用保障の下では，需給マッチングは，解雇や転職よりも配置転換が重要になるのである。

　以上を整理したのが，図表3-1，図表3-2である。

　第2節，第3節では企業内労働市場，外部労働市場，準企業内労働市場で賃金と雇用がどのような形で決められているかを，さらに詳しく見ることにしたい。

図表3-2　企業内の従業員階層

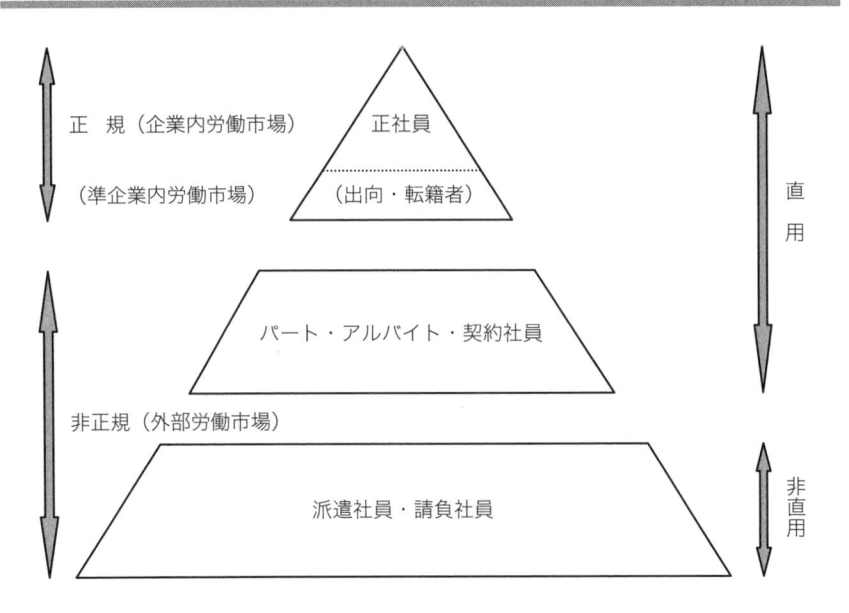

資料出所：筆者作成。

2　企業内労働市場における雇用と賃金の決定

企業内労働市場と日本的雇用制度

　先に企業内労働市場の賃金と雇用は，個別企業のルールによって決定されると述べた。しかし，この世に企業は星の数ほど存在するのが現実であるから，「個別企業のルール」もまた，星の数ほど存在することになる。これでは，何も説明していないことに等しい。

　そこで，企業内労働市場を具現するものとして，日本企業の最大公約数だった**日本的雇用制度**について説明したい。図表3-3は，この点を示したものである。

　まず第2章で述べたように，人的資源管理の目的は労働生産性の向上による低労働費用達成，より具体的には労働力の合理的活用と労働者の動機づけ（やる気を高めること）である。こうした目的に基づいて，正規従業員を対象にした企業内労働市場の雇用と賃金に関する原理・原則が決められる。即ち，それは日本企業においては**長期雇用**と**年功賃金**である。

　年功賃金や長期雇用の動機づけの側面を見出すのは，たやすいことである。前者が貢献に対する報酬であり，雇用保障が従業員を動機づけるであろうこと

図表3-3　人的資源管理と長期雇用，年功賃金

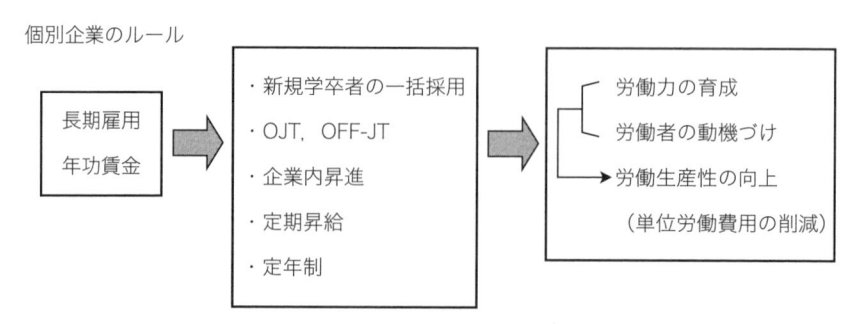

資料出所：筆者作成。

は容易に想像できるからである。しかし，その合理的な側面とは何なのか。むしろ，長期雇用や年功賃金は賃金の過剰支払いや過剰雇用をもたらすと言う意味で不合理なものではないだろうか。こうした主張・批判や，それに基づく人事制革は過去から今日まで繰りかえしなされてきた。

　しかし長期雇用や年功賃金は，決して合理性を欠いたものではない（もちろん長期雇用や年功賃金だけが合理的なシステムだと言うつもりはない）。詳細な説明は後に行うとして，長期雇用については，従業員の育成とその費用の回収という**人的投資**であるということ，また年功賃金に関しては人的投資による労働生産性向上に伴う賃金上昇という面を，当面の答えとしたい。この点を含めて，長期雇用と年功賃金について，以下説明しよう。

長期雇用

　長期雇用とは，労働者が同一企業に長期間雇用されること，典型的には，新規学卒者として入社した従業員が**定年年齢**まで雇用されることである。もちろんこうした長期雇用は労働契約に明文化されているわけではない。企業は労働基準法で**解雇権**を保証されており，30日の予告期間を置くか，それに代わる賃金を支払えば従業員を解雇できるからである。

　しかし，この点が規範として日本社会に定着していることは，以下の2点からも明らかである。まず第1点は，労働基準法では雇用契約の期間として**期間に定めなき雇用契約**を規定していること。第2点は，法律の条文ではないが企業が雇用調整のために解雇を行う（第2章で述べたが，これを**整理解雇**と言う）際に満たすべき要件が**整理解雇の四要件**という形で，判例法理として確立していることである。ちなみに四要件とは①人員削減が企業経営上の必要性に基づいている，②人員削減を実施する前に，解雇を回避する努力がなされている，③解雇される者の選定が妥当である，④労働組合，労働者に対する説明・協議の実施となっている[1]。

　もちろんこの要件はあくまで判例に基づくものだから，企業がこれに従わずに従業員を解雇しても，それ自体は法律違反ではない。実際そのことをもって，日本は諸外国に比べ解雇が容易だとする見解があることも事実である（神尾，1999）。しかし，解雇された労働者が一度訴訟を起こせば，四要件が判例として

図表3-4　終身雇用

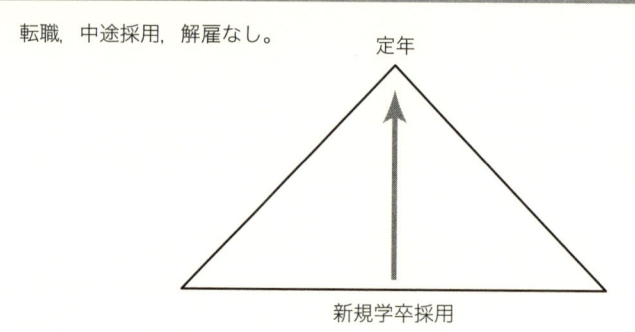

転職，中途採用，解雇なし。

資料出所：筆者作成。

図表3-5　長期雇用

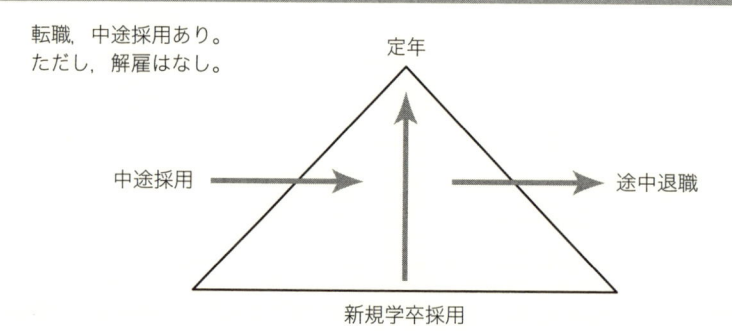

転職，中途採用あり。
ただし，解雇はなし。

資料出所：筆者作成。

図表3-6　ハイアー・フリー，ファイアー・フリー

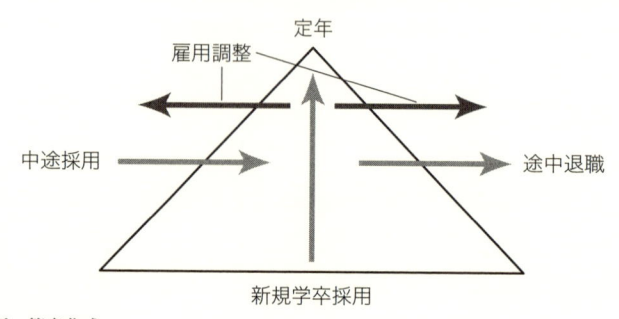

資料出所：筆者作成。

確立している以上，企業は敗訴を覚悟しなければならない。企業が判例法理を重視するのは，この点に理由があると言えるだろう。

なお本書では**終身雇用**という言葉は使わず，長期雇用に統一している。終身雇用という言葉は，アベグレン（Abbeglen, James E.）*The Japanese Factory*（日本の経営)(2)で普及したが，企業が「終身」雇用するという表現は実態からの乖離が大きくなり過ぎた。当時は平均寿命が現在に比べてかなり短かったので，定年年齢は多くが55歳であっても，事実上「終身雇用」しているという表現はあながち誤りではなかった。しかし，現在定年年齢は60歳に延長されたが，平均寿命も約80歳になり，定年後約20年間の「第2の人生」では，仕事や趣味，ボランティアなど多様な選択肢が存在するからである。

これまで述べたことを「雇用タイプ」という点から整理しよう。一般に，雇用タイプは次の3つに大別できる。まず第1の類型は，正規従業員の採用を全て新規学卒採用で行い，中途退職なし，中途採用なし，企業は一旦採用された従業員を解雇することなく定年まで雇用するというものである（図表3-4参照）。

これに対して，企業側からは従業員に退職を求めない，しかし従業員側は退職の自由を有しており，実際に新規学卒採用者の一定割合は転職し，その結果退職を補充するための中途採用が行われるというのが，第2の類型である（図表3-5参照）。

最後に第3の類型は，従業員側は上記と同様転職する，他方企業側は**ハイアーフリー・ファイアーフリー**（hire free, fire free），即ち随時に採用，随時に解雇するというものである（図表3-6参照）。

それでは，現実の日本の労働市場は上記3つのどれに最も近いのか。恐らく「終身雇用」という言葉が使われた当時の雇用タイプは，第1の類型の認識に近いと思われるが，中途退職がないという点で今日では現実性が薄い。他方第3の類型は，日本の労働市場では先述した解雇に関する制約が存在することからすれば，こちらも現実的ではない。したがって，新規学卒採用と定年制を前提に，少なくとも「企業側の都合で一方的に雇用契約を解消しない」（この点は，希望退職や早期退職優遇制度とは矛盾しない）という第2の類型が，最も現実に近いと言えるだろう。以下本書における長期雇用は，こうした認識に基づい

ていることを改めて確認したいと思う。

　それでは，長期雇用は人的資源管理においてどのような役割を果たしているのか。かつて，長期雇用（終身雇用）は日本社会の文化的特質に起因しているとする学説が有力だったが，少なくとも人的資源管理論はこの立場を採らない。先に述べたように，①個別企業にとって具体的な有用性を持った人材の育成，②従業員の動機づけ，という2つの点が重要である。フェファー（1998）によれば，企業が市場競争に生き残るためには，2つの側面が存在する。第1点は，正社員をパートタイマーや派遣社員といった非正社員に置き換える，従業員数そのものを減らす，といった形で人件費コストを削減することである。しかし，第2点としてコスト削減だけではなく，それぞれの企業はその企業独自の優位性がなければ競争に生き残ることはできない，そしてこうした優位性を担っているのは最終的には人的資源であるから，企業はこうした人的資源を手間隙かけて育成しなければならない。そのための人的投資と，それに伴うコストの回収が，長期雇用を必要としているのである。

　また従業員が常に解雇の危機にさらされており，結果彼らが仕事を疎かにして履歴書の準備に汲々としている状況は健全ではない。その意味で，長期雇用は，従業員の動機づけを通じた生産性向上にも貢献している。もちろんやり方を間違えれば，会社にぶら下がろうとする者が増大することは言うまでもないが。

年功賃金

　年功賃金とは，「定期昇給制度を通じて，年齢と勤続年数が最も決定的な要因となる賃金制度」である[3]。これまで，年功賃金は「仕事をしてもしなくても賃金が上がるのなら，企業にぶら下がる人が増大する」，「人件費コストが増大し，企業経営を圧迫する」といった批判に繰り返しさらされてきた。しかし，しばしば誤解される点であるが，年齢や勤続年数に伴って賃金が上がること，例えば「30歳の賃金が25歳の賃金よりも高い」ことは「同じ30歳，25歳の賃金が同額である」ことを決して意味しない。年功賃金はアメリカブルーカラーの**先任権**のような完全に能力を排除した**年の功**賃金ではなく，人事考課の結果に基づき賃金格差が拡大していく**「年」**と**「功」**賃金なのである（熊沢，1997）。また，

繰り返し述べたように年功賃金が人件費コストを圧迫するのはあくまで労働生産性が一定という前提の下の話であり，年功賃金が労働生産性向上効果を持つとすれば，話は別である。

　それでは，なぜ企業は「年齢」や「勤続年数」を重視するのだろうか。企業が人的投資を回収するためには，従業員が同一企業に勤め続ける必要があるが，そのためには，長期勤続に対する誘因を提供しなければならない。年齢や勤続を重視する年功賃金は，同じくこの点を算定基準としてきた退職金制度と共に，長期勤続のインセンティブとして重要な役割を果たしてきたのである。

　また年功賃金は，今一つ従業員の**生活保障**という重要な役割を担ってきた。生活保障賃金という考え方は，「従業員の合理的活用」という観点からは説明できないが，「従業員の動機づけ」という点では極めて望ましいものである。家計の生計費は子供の成長と共に上昇し，子が大学に通学する段階でピークに達する。したがって，従業員にとっては，生計費の上昇に伴って賃金が上昇することはありがたい。こうした考え方が具現化したのが，第2次大戦後基幹産業の労働組合によって推進された電産型賃金体系である。その意味で，こうした年功賃金は従業員の家庭に優しい「元祖ファミリーフレンドリー政策」であるが，それを可能にしたのは賃金の価格への転嫁を可能にした競争環境であった。したがって，生活保障の考え方が今後も生き残るか否かは，多分に不透明である。

　さて年功賃金をより具体的に定義すると，それは査定つきの**定期昇給**である。定期昇給とは，従業員の賃金が定期的に（つまり毎年）上がることであり，それは各人が例えば年齢給，勤続給の賃金表を上向に移動することによって行われる（図表3-7参照）。年齢給，勤続給とは，従業員の基本給を構成する要素である。こうした構成要素には，その他に職能給，職務給などがある。職能給は従業員の職務遂行能力に対して，職務給は従業員が配置された職務の価値に対して支払われる賃金で，前者は「能力」という従業員属性に対する賃金だから，年齢給，勤続給と共に**ヒト基準**，後者は従業員そのものではなく，彼らが担当する仕事に対する賃金だから**仕事基準**であると言えるだろう。

図表3-7　賃金制度と年功賃金

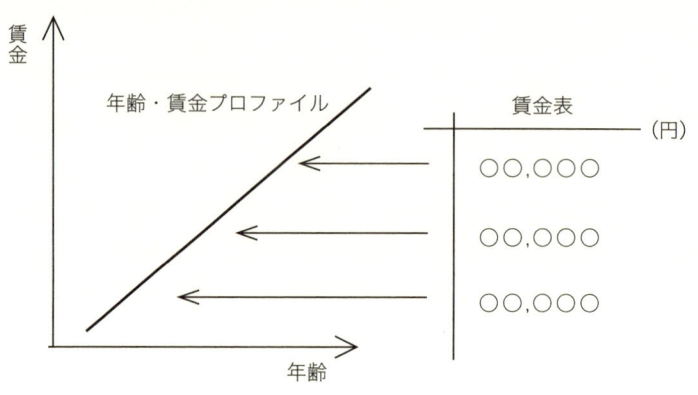

資料出所：筆者作成。

　以上企業内労働市場における雇用と賃金について説明した。図表3-3に戻ると，こうした原理・原則に基づいて人的資源管理の諸活動，即ち新規学卒者の一括採用，OJT，企業内昇進，定期昇給，定年制，が展開されている。

　しかしこうしたシステムは，図の外側に記されている環境要因によって規定されている。例えば雇用が維持されるか，賃金を引き上げることができるかは，マクロ経済と，それを踏まえた個別産業がどの程度拡大しているかに大きく依存する。また労働市場の構造変化によって，現在の労働法制が実態から遊離したものになれば，判例法理が見直されることもあるだろう。例えば，整理解雇に関する判例法理についても，「四要件」ではなくあくまで判断の「要素」であるという考え方もある。我々は，人的資源管理が環境と対話をしながら行われていることを忘れてはならないのである。

日本的雇用制度における雇用と賃金

　この節では，これまで述べたことを経済学の枠組みに従って説明しよう。図表3-8は縦軸が賃金および生産性（経済学の専門用語では**限界生産力**），横軸は時間であり，2本の曲線は日本的雇用制度における賃金と生産性の関係を示している。T0は（新規学卒）入社時点，TC が定年年齢である。ここから明らか

図表3-8　ゼロ利益賃金経路：日本的雇用制度における賃金と生産性

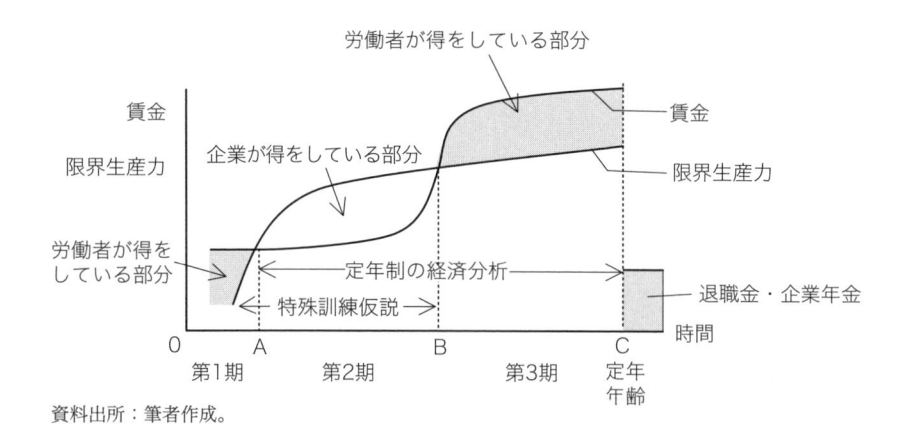

資料出所：筆者作成。

なように，両者の関係は3つの段階に分けられる[4]。

　まず第1期は，賃金が生産性を上回っている。このことは，一見すると経済学の常識に反している。生産性は，日常用語で言えば「働きぶり」に相当する。そして**賃金＝生産性（限界生産力）**というのが経済学の基本命題だから，これでは企業が働きぶりよりも高い賃金を労働者に支払うことになってしまう。しかし，この点を企業と労働者の経済合理的な行動として説明する理論が存在する。それが**人的資本理論**（Human Capital theory）である。

　人的資本理論，特にノーベル経済学賞を受賞したベッカーという経済学者によって構築された**特殊訓練仮説**は，企業が生産性よりも高い賃金を労働者に支払うことを**特殊訓練**に対する人的投資という観点から説明する。ベッカーは，訓練の内容をどこの企業でも役に立つ一般訓練と，訓練を受けた当該企業でしか役立たない特殊訓練に分類する。一般訓練の場合，企業が訓練費用を負担すると訓練終了後労働者が転職した際に回収できなくなってしまうので，訓練費用を負担するのは労働者である。しかし特殊訓練の場合，訓練内容が当該企業でしか役立たないので，費用は企業が負担せざるを得ない。「訓練終了時点までは生産性よりも高い賃金を支払う」というのは，訓練費用を負担するやり方に他ならないのである[5]。

　ここで「特殊訓練とは何か」というそもそも論について，一言しよう。一般に，「特殊的なもの＝遅れたもの」，「普遍的なもの＝進んだもの」と考えられることが多いが，決してそうではない。むしろフェファーが述べているように「企業独自の価値（＝特殊的）」こそが企業の競争力の源泉であり，その担い手を育成するための重要な手段が特殊訓練である。典型的な特殊訓練としては，適性の発見や多能工化を兼ねた（人事，経理といった）職能間（内），（営業部，事業部など）部門間（内）のジョブ・ローテーションが挙げられる。

　続く第2期は，第1期とは逆に生産性が賃金を上回っている。これは第1期が人的投資の期間である以上，投資回収の必要性から生じる当然の帰結である。しかし，ここで2つの疑問が生じる。まず第1は，生産性のほうが賃金よりも高いのは企業にとって好ましい状態であるのに，なぜ実際には定年制によって従業員を解雇しているのか。また第2は，賃金が生産性よりも低い状態で，果たして労働者は当該企業に定着するのかということである。上記2つの疑問を解決するのが，経済学者ラジアが提唱した**定年制の経済分析**である。

　ラジアの問題意識は，「企業が労働者から労働意欲を引き出すためには，自発性に頼るのではなく，それが労働者にとって合理的な行動になるような仕組みをつくる必要がある」というものである。そのための仕組みとしてラジアが重視するのが，年齢・勤続に従い右肩上がりの賃金カーブ（日本的に言えば年功賃金）に他ならない。そして，一生懸命仕事をすれば賃金が上がっていく反面，怠けが見つかれば解雇され，市場で得られる賃金しかもらえないということになれば，「勤勉即ち合理的行動」となる。しかし賃金が右肩上がりに上がっていけばいつかは賃金のほうが生産性より高くなり，今度は企業にとって好ましくない事態が生じる。したがってラジアは，こうした関係を清算するため定年制による強制退職が必要になると考える[6]。

　最後に，賃金が再び生産性を上回るのが第3期である。賃金が生産性を上回る理由は先に述べた通り。第1期と第2期は特殊訓練仮説が，第2期と第3期では定年制の経済分析が，それぞれ妥当している（正確に言えば，第3期は定年退職では終わらない。退職金や定年後の企業年金も第3期に含まれる）。重要なのは，第1期（賃金＞生産性）と第3期（賃金＞生産性）を足し合わせた面積が第2期（生産性＞賃金）に等しく，企業と労働者の貸借関係は職業生涯を

通じて清算されることである。これを**ゼロ利益賃金経路**と言う。

　以上が，経済学の助けを借りた日本的雇用制度の説明である。こうした説明を納得的と考えるか，あるいは「しょせんは後づけの理屈に過ぎない」と考えるかは読者の自由である。しかし長期雇用や年功賃金が，少なくとも「ある環境の下では」経済合理的な制度であり，「経済原則から逸脱した前近代の遺物」では決してないことは理解できたのではないかと思う。

　ところで読者は，「長期雇用や年功賃金の合理性は理解できた。しかし，では長期雇用は，なぜ『世界標準』にはならないのか，なぜ長期雇用は世界の中で日本に根を下ろしたのか？」という点に疑問を持つかもしれない。この点に対する答えは，次の2つ。第1は「世界標準ではない」という認識そのものが誤り，長期雇用や年功賃金は程度の差こそあれ世界中に存在すると考えること。この立場に立つ代表的な研究者が，小池和男教授である[7]。また第2は「日本的特殊性」（これは，日本だけが特殊であると言う意味では決してない），即ち日本的雇用制度の歴史的経緯にその回答を求めることである。前者については，国際比較を取り上げる第3部第11章で，後者に関しては次の第4章で，それぞれ詳しく検討しよう。

日本的雇用制度の競争相手？

　これまで，長期雇用と年功賃金についてさまざまな角度から検討した。もとより，先述したように，これは日本企業の最大公約数であるから，現実の人的資源管理は千差万別である。ただ，少なくともこれまでは，こうした長期雇用，年功賃金のアンチテーゼを掲げた人的資源管理は，「対抗勢力」としては存在しなかった。言葉を換えれば，人事制度・人的資源管理の「市場」は，長らく長期雇用，年功賃金という日本的雇用制度による「寡占」状態にあった。これは人事制度・人的資源管理の「エンド・ユーザー」である労働者の側からすれば，他の人事制度・人的資源管理を選択するのが困難だったことになる。

　しかし日本的雇用制度のアンチテーゼを掲げる企業は，着実に増大している。具体的には，長期雇用に対する外部労働市場を活用した労働力の調整，年功賃金に対する成果給，企業内昇進・新規学卒採用に対する中途採用などであり，特に外資系企業で普及している。

　将来的には，同一産業の中に「日本的雇用制度」の企業と「非日本的雇用制度」の企業が並存することが好ましい。労働者は，こうした状況で初めて人事制度や人的資源管理によって企業を選択できるからである。また，バブル経済期に支配的だった「他国から学ぶものは何もない」という風潮が，かえって日本的雇用制度を堕落させたことは記憶に新しい。こうした競争相手の存在は，日本的雇用制度の活性化にもかえって寄与すると言えるだろう。

　この節では，企業内労働市場について詳細に検討した。しかし，先に述べたように企業内労働市場を足し合わせるだけでは労働市場全体を理解したことにはならない。以下では，こうした企業内労働市場の外側で，雇用と賃金がどのように決められているかを見ることにしよう。

3　外部労働市場，準企業内労働市場における雇用と賃金の決定[8]

出向・転籍者の雇用と賃金

　出向とは，出向元に在籍しながら出向先で仕事をするという就業形態である。出向者が出向先に籍を移すことを転籍と言う。

　従来，出向・転籍は，主に雇用調整の手段として議論されてきた。親企業で雇用が困難になった従業員は，関連企業に出向・転籍するという形で雇用機会が確保される。この場合，従業員の賃金は出向元企業の水準が維持されるが，出向先企業が負担するのは自社の水準までであり，したがって，「出向先」水準と「出向元」水準の差額は出向元が「出向料」という形で負担するのが一般的である。

　もっとも，これまで述べたことはすべて「出向させる側の論理」である。しかし，多くの出向・転籍が親企業と関連企業の間で行われているため，関連企業への不適切な人材の押し付けが行われているのも事実である。今後は企業グループを超えた異動先の開拓，親企業から関連企業への情報の伝達，出向「元」企業選定による候補者に対する「拒否権」といった点が，出向・転籍の課題として挙げられるだろう。

パートタイマーの雇用と賃金

　今述べた出向・転籍は，親企業の視点で見れば確かに準企業内労働市場であるが，当該企業では，他の従業員と同様企業内労働市場に属している。しかし，これから述べるパートタイマーと派遣労働者は文字通り企業内労働市場の外側，要するに外部労働市場に属している。

　パートタイマーとは，正規従業員とは異なり，企業と「期間に定めのある」雇用契約を結んでいる労働者である。この場合の有期雇用契約とは，一部の例外を除けば3年以内である。パートタイマーの多くは，小売業など第3次産業および製造業の生産工程で仕事に従事しており，その多くは女性である。賃金形態は，正規従業員が月給あるいは年俸なのに対して時給がほとんどであり，正規従業員に比べて外部労働市場に敏感に反応する。また労働時間は，正規従業員よりも短いのが一般的である。

　企業がパートタイマーを雇う理由であるが，労働需要側の要因は，①第3次産業の拡大によって顧客の要請に応じたサービスを提供する必要性，②正規従業員とパートタイマーの賃金格差を前提にすれば人件費コスト削減につながること，③正規従業員とは異なり有期雇用であるため雇用調整が容易であること，という3点である。他方労働供給側の要因としては，①核所得者の収入を支えるために労働市場に参入することが必要になっている，②労働力率の上昇が見られる既婚女性の場合，家事と育児の両立を図らざるを得ないことから，労働時間が短いパートタイム労働を受け入れやすいことが挙げられる。

派遣労働者の雇用と賃金

　しかし，パートタイマーは，重要な点で正規従業員と共通している。それは，いずれも**直用労働力**（企業に直接雇われた労働力）であるということである。他方これから述べる派遣労働者は，一言で言えば**非直用労働力**，即ち「ヒトのリース」である（図表3-9参照）。

　人材派遣とは派遣元，派遣先，派遣労働者，という三者で成立している。まず「派遣元」とは人材派遣会社と呼ばれる派遣労働者をプールしている企業であり，登録者に教育訓練を施した上で「派遣労働者」として企業に派遣する。「派遣先」企業は，派遣会社に必要とする仕事を遂行できる労働力を「注文」し，

図表3-9　人材派遣における派遣元，派遣先，派遣労働者の関係

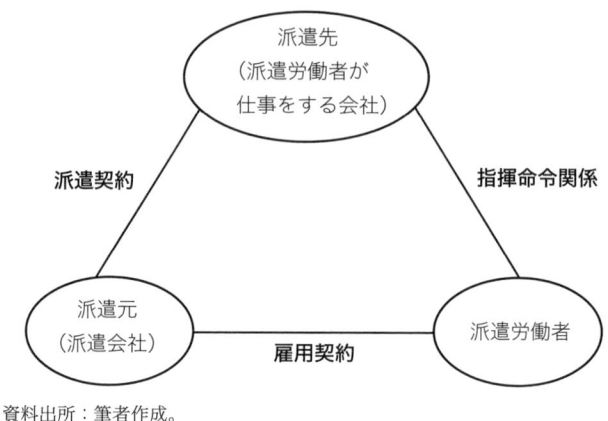

資料出所：筆者作成。

　自らの指揮命令の下で仕事をさせる。しかし雇用契約は，派遣「先」ではなく，あくまで派遣「元」企業との間で結ばれる。したがって，企業は雇用契約に関する労働基準法上の制約から免れている。通常は雇用関係と指揮命令関係は一致しているが，両者が乖離していること，つまり雇用関係のない労働者が企業の指揮命令の下で仕事をしているという点が人材派遣という就業形態の複雑なところである。派遣先企業は派遣会社に派遣料を支払い，ここから派遣会社の手数料を差し引いたものが派遣労働者に支払われる。派遣労働者の報酬が，派遣会社間の競争によって上下することは言うまでもない。

　人材派遣という就業形態は，当初は「原則禁止・例外許可」だったので対象業務として認められているものだけがリスト化されていたが，その後対象業務が拡大し，現在は逆に「原則許可・例外禁止」，禁止されている業務がリスト化されている。これを「ポジティブ・リストからネガティブ・リストへの転換」と言う。

　企業が人材派遣を活用するメリットは，まず正規従業員との比較では，退職金や福利厚生など賃金以外の労働費用の負担がかからないこと，派遣先企業が要求した労働力の選抜は派遣会社が行うため，一定能力を有する労働力を自ら選抜コストや人的投資のコストをかけることなく調達できることである。もちろん

企業特殊的能力を持った労働力を外部労働市場で見つけることはできないから，人材派遣の対象になるのは一般的能力ということになる。また，パートタイマーとの比較では，時間単価は割高であっても，パートタイマーよりも能力レベルの高い仕事を派遣労働者に委ねれば，企業としては採算がとれるだろう。

　ただし2015年の労働者派遣法の改正によって，企業は派遣期間が3年を超えた派遣労働者に直接雇用を申し込む義務が課されている。企業にとって最も頭数の調整に制約があるのは正規従業員であり，次いで有期雇用，最も制約がないのは派遣労働者であるが，その派遣労働者とても，企業にとって完全に変動的な存在ではないのである[9]。

　これまで，企業内労働市場，外部労働市場，準企業内労働市場，における雇用と賃金について説明した。企業内労働市場における雇用と賃金が，企業と従業員との長期的関係を前提にしたものであるのに対し，パートタイマーや派遣労働者は正規従業員に比べて雇用調整が容易であり，それだけ業務の変動に対応しやすいというメリットがある。彼らが，**コンティンジェント・ワーカー**（Contingent Worker）と呼ばれるゆえんである（contingent とは「突発的な」という意味である）。

4　企業内労働市場の境界線と「雇用のポートフォリオ」

企業内労働市場の境界線

　これまで労働市場を，企業内労働市場，外部労働市場，準企業内労働市場，という3つに類型化した。しかしこうした労働市場の境界線は決して固定的なものではなく，企業は時々の環境変化によって，こうした境界線を融通無碍に見直している。こうした境界線の変更によって当然個人が所属している労働市場も変更され，このことは人的資源管理にも影響せざるを得ない。境界線の変更は，およそ以下の4つにまとめることができるだろう。

　まず第1は**企業内労働市場→準企業内労働市場**，である（図表3-10参照）。これは**スピン・アウト，スピン・オフ**と呼ばれており，子会社化，別会社化という形でこれまでの会社の一部門が別の法人になり，「○○会社」の社員だった者が，「○○会社」からその子会社への出向者になる，具体的に言えば「○○会社

図表3-10 労働市場の境界線(1)—企業内労働市場と準企業内労働市場

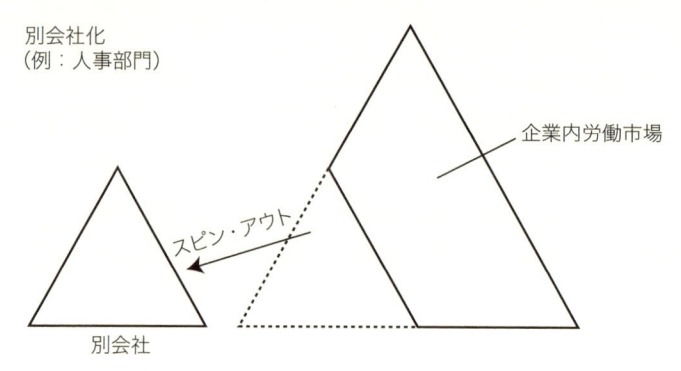

資料出所：筆者作成。

人事部」が別会社化して「○○ヒューマン・リソース」になり，これまでの人事部在籍者が出向扱いで「○○ヒューマン・リソース」の社員になることである。企業がスピン・アウト，スピン・オフを行うのは新規事業の芽を育てること，組織を適正規模に保つことなどさまざまな理由があるが，先の事例に即して言うと，利益を生まない**コスト・センター**部門を利益が上がる**プロフィット・センター**にすることが挙げられる。

　この場合，出向者の給与は親会社がすべて負担するので，その限りでは人件費コスト削減にはならない。ただ，本社への復帰や退職に伴う補充を出向者ではなく，その会社独自で採用を行い，親会社からの出向者と子会社で採用された社員（これを**プロパー社員**と言う）の賃金テーブルを別のものにすれば，人件費を抑えることができるだろう。

　第2は，**企業内労働市場→外部労働市場**，である（図表3-11参照）。これは正規従業員を非正規従業員に置き換えること，例えば総合商社が仕事の難易度でコースの設定を行うコース別雇用制度で定型的仕事を担当する事務職の採用を中止し，派遣労働者に置き換えることなどである。

　もちろん，正規従業員を非正規従業員に置き換えると言っても，いきなり解雇ができるわけではない。上記の例も，まず採用をストップして，従来退職の補充をしていた部分が派遣労働者に置き換えられていくのが実情である。

図表3-11　労働市場の境界線⑵―企業内労働市場と外部労働市場

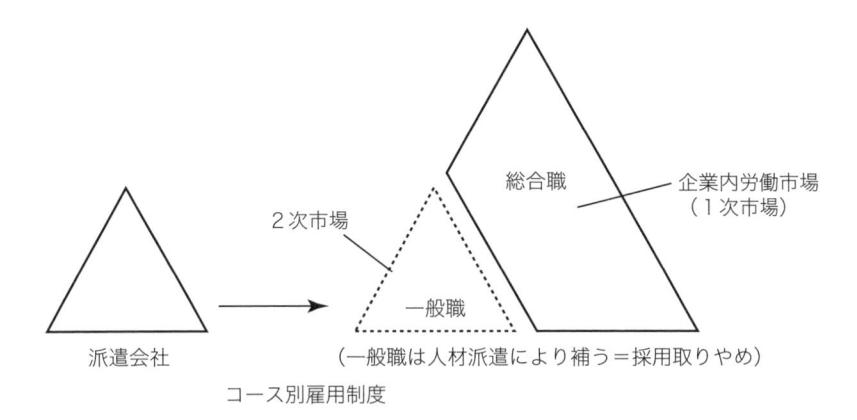

派遣会社

コース別雇用制度

総合商社 － 一般職採用中止

資料出所：筆者作成。

第3に，**準企業内労働市場➡企業内労働市場，外部労働市場➡企業内労働市場**という動きもある（図表3-12参照）。これは親企業と関連企業，あるいはまっ

図表3-12　労働市場の境界線⑶―準企業内労働市場と企業内労働市場

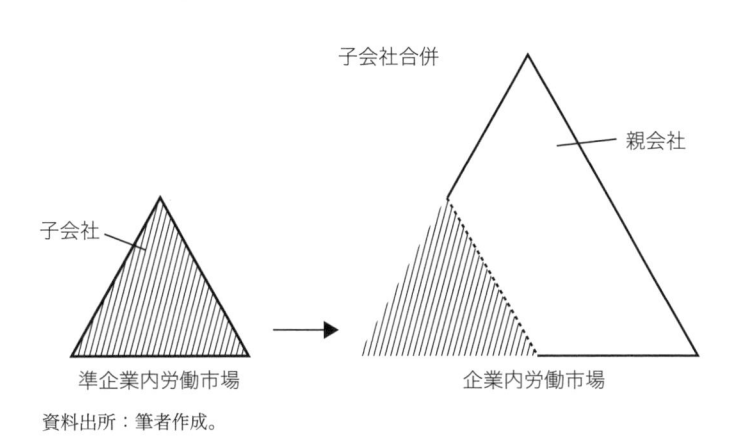

資料出所：筆者作成。

たく別々の企業がM&A（Merger and Acquisition）によって1つの企業になり，それによって親会社からの出向者，子会社の社員，他企業の社員が，同一企業の企業内労働市場の正規従業員として統合されることである。こうした事例は，今後M&A拡大に伴って増大することが予想される。

　そして第4は，上記とは異なる**外部労働市場➡企業内労働市場**，の動きである。先に述べたのは，正規従業員が派遣社員に置き換えられるということだったが，逆に派遣社員を正規従業員に登用する制度も存在する（図表3-13参照）。これを**紹介予定派遣（テンプ・ツー・パーム**：テンポラリーからパーマネントへ）と言う。派遣先企業からすれば，業務に習熟した派遣社員を正規従業員に登用することはメリットが大きいであろう。

　また，派遣社員以外にパートタイマーを正規従業員に登用するというのも，外部市場→企業内市場のカテゴリーに含まれる。労働市場には（法律では規定されていないが）同一労働同一賃金という原則があり，これは雇用形態の如何を問わない。しかし，現実には，有期雇用でありながら同一企業との更新を繰り返し，同一業務に習熟したパートタイマーが事実上正規従業員と同じ仕事をしている，にもかかわらず正規従業員，パートタイマーという雇用形態の違いによって，賃金格差が生じるという事例が頻発している。

　一般に労働行政は，直接雇用へ転換を前提としたお試し派遣である紹介予定

図表3-13　労働市場の境界線(4)─外部労働市場と企業内労働市場

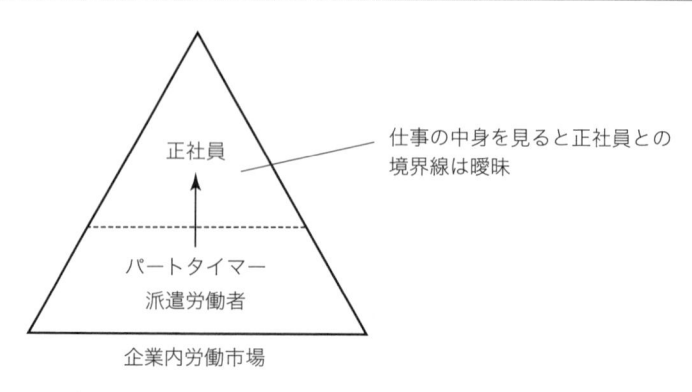

資料出所：筆者作成。

派遣，3年を経過した派遣労働者の直接雇用への転換，有期雇用契約5年で「無期」，つまり「期間に定めなき雇用」に転換する労働契約法の改正など正社員に規範的価値を置いた施策を展開している。また，正社員への転換とは異なるが，正社員とパートタイマーに関して，働き方の違いを考慮した，バランスの取れた待遇差を求める**均衡待遇**[10]も，最近の行政が重視している点である。行政が「正社員化」を求める理由は，安定した正社員こそが税金や社会保険を徴収可能とする国家の「安定顧客」だからであろう。

雇用のポートフォリオ

さて労働市場の境界線変更によって企業の労働力構成は不断に変化している。こうした労働力構成を**雇用ポートフォリオ**（日本経営者団体連盟，1995，1996，1998）と言う[11]。ポートフォリオとは，投資家がリスクを最小化するため国債，債券，株式などさまざまな投資銘柄を組み合わせることである。これと同様，企業は雇用リスクを最小化するため，労働力構成を正規従業員だけではなく，さまざまな銘柄に分散している。むしろ，企業はこうした「雇用のポートフォリオ戦略」の一環として労働市場の境界線を見直していると考えるのが正しいだろう。

上記報告書では，労働力タイプを次の3つに分けている。

第1は**長期蓄積能力活用型グループ**であり，この章の表現に即して言えば，期間に定めのない雇用契約を結んでいる正規従業員を念頭に置いている。

第2は**高度専門能力活用型グループ**であり，自らの高度な専門性を有期雇用契約で企業に提供し，年俸制などの形で報酬が支払われる労働力である。日本ではこうした高度専門労働力の労働市場が充分確立しているとはいえないが，例えば金融機関の先物ディーラーはこうしたタイプの典型と言えるだろう。

最後に第3は**雇用柔軟型グループ**，先に説明したパートタイマーや派遣労働者など定型的，補助的業務を担当する労働力である。

それでは，企業はこうした労働力タイプからどのようなポートフォリオを選択しているのだろうか。先述日経連の報告書によれば，この点を尋ねた2回の調査結果は，上記労働力タイプの構成は現状で長期蓄積能力活用型グループ約8割，高度専門能力活用型グループ1割弱，雇用柔軟型グループ約1割，また

将来については，長期蓄積能力活用型グループ約7割，高度専門能力活用型グループ約1割，雇用柔軟型グループ2割弱，となっている。

　ここから，企業は将来的にはポートフォリオを組み替えて，長期蓄積型を若干減少させ，その分専門能力型や雇用柔軟型を増やそうとしているが，しかし労働力タイプの中心は，なお長期蓄積型であることがうかがわれる。したがって，この本の以下の部分では，主にこうした長期蓄積能力活用型グループを念頭に置いていることを，ここでお断りしておきたい。

　ところで，先述した様に労働行政は非正規従業員の正社員化を重視しているが，企業にとって，正社員の割合の増大は雇用ポートフォリオの構成を崩すことになるので望ましくない。このことは,派遣社員に対する直接雇用のオファーを回避するため彼らを派遣社員の如く使う「偽装請負」の横行や，有期雇用の更新を打ち切る「雇い止め」が存在することからも明らかである。今後さらに正社員化が進展すれば，正社員の解雇規制に手をつけることは避けられないだろう[12]。

<注>

(1)　佐藤・藤村・八代（充）（2015），p.56。

(2)　アベグレン（1958）。

(3)　白井（1992），p.196。

(4)　この節で紹介する経済理論については，例えば樋口（1996），第5章，第6章，を参照されたい。

(5)　より正確には，特殊訓練仮説においては，賃金曲線は特殊性の程度と訓練量によって規定される。特殊性の程度が高いほど訓練を受けた労働者が転職する可能性は低いので，賃金カーブはよりフラットになる。ただし特殊性の程度如何にかかわらず，訓練投資量が多いほど生産性の上昇が大きいので，それに対応して賃金カーブもより急勾配（即ち「年功的」）になる。

(6)　厳密に言うと，「賃金＞生産性」という状態を続けたくないのが企業のホンネだから，企業は労働者の賃金が生産性を上回った段階で，「怠けている」ことを表向きの理由にしてすぐに労働者を解雇したいであろう。この点定年制の経済分析では，こうした企業行動は，市場における企業の「名声」（reputation）を低下させると考えられる。

(7)　例えば，小池（2005），小池・猪木編（2002）などを参照されたい。

(8)　この節の記述の一部は，神代・山口・八代（充）（2002），第9章に依拠するとこ

ろが大きい。

(9) この点，2006年以降新聞報道などで，たびたび「偽装請負」問題が報じられた。偽装請負とは，雇用義務の生じない請負労働者をあたかも派遣労働者のように企業の指揮命令下において仕事をさせるという，雇用・派遣と請負との「いいとこ取り」，言うまでもなく違法行為である。この点については，朝日新聞特別報道チーム『偽装請負—格差社会の労働現場』朝日新聞社，2007年，が詳しい。

(10) 2018年6月に成立した「働き方改革関連法」によれば，職務内容や職務配置の変更範囲が有期労働者と無期労働者で同じである場合は，「均衡待遇」ではなく，「均等待遇（同一労働同一賃金）を確保することが義務化されている。

(11) 日本経営者団体連盟の3冊の報告書刊行の背景については，八代（充）他編（2015）を参照されたい。同様な議論は，英国のアトキンソン（Atkinson, J.）によっても行われている（佐藤・藤村・八代（充），2006，p. 4）。

(12) 鶴（2016）は，勤務地，仕事，労働時間が限定されていない日本の正社員を「無限定正社員」と呼び，他方これらが限定されている従業員を「限定正社員」と呼んでいる。鶴氏の議論を敷衍すれば，正社員として雇用が保障される代償が「無限定性」だということになる。とすれば，従業員と企業との雇用契約を特定の店舗に限定する「店舗限定正社員」は，雇用のポートフォリオにおいて正社員の割合が大きくなることに対する企業の対応であると言えるだろう。

第 4 章

人的資源管理の歴史的発達

　この章では，人的資源管理の歴史的発達について検討する。歴史を学ぶことの意義は，大きく次の3つに分けられる。

　第1に，人的資源管理が過去から現在に至るまでどのように発達したかを知ることができる。人的資源管理に限らないが，「管理」とはすべからく「恣意」からの脱却である。例えば，昇進や昇給であれば，経営者やライン管理職の好き嫌いではなく，制度の構築と適切な運用，さらに専業で行う部門の存在という一連のシステムを通じて行われることを意味する。アメリカでは，**労務処理期**（菊野，1982，第5章）と呼ばれる時代を経て1920年代以降，労働者の管理が企業内労働市場と雇用部門（現在の人事部門）によって担われるようになると，近代的な意味での「労務管理」（この本では人的資源管理）の時代が到来する。この点は，各国に共通して見られる事実である。

　第2に，今日私達が目にする人的資源管理は共通する部分も多いが国や地域によって必ずしも一様ではない。歴史分析は，国際比較と共に人的資源管理の国や地域間の共通点や相違点を明らかにするものである。国や地域を越えて共通する部分が一般理論で説明できる部分とすれば，相違点の幾分かは，歴史分析によって明らかにされるべき，過去の「しがらみ」の上に成立している部分なのである。

　第3に，歴史というのは，一種の実験である。もちろん，それは実験室で行われる実験とは異なり，同じ条件で同じ事象を再現することはできない。しかし，過去のある時期にある環境条件の下で経済主体が如何に行動したかを解明できれば，私達はこうした過去の経験に基づいて将来を予測できるのである。

　この章では，アメリカと日本という2国を素材にして，人的資源管理の歴史

の「一般型」を検討すると共に，後半部分では「オーラル・ヒストリー」とい
う新しい方法に基づいて，高度成長期の人的資源管理を再現することにしよ
う[1]。

1　アメリカにおける人的資源管理の歴史的発達

人的資源管理成立以前

先に人的資源管理は「恣意からの脱却」であると述べたが，それは**直轄方式**，
即ち企業が従業員を直接掌握することである。このように書くと，当たり前の
ように受け取られるかもしれないが，歴史上常に企業が従業員を直接掌握して
いたわけではない。

アメリカ（これは，日本やイギリスにも共通しているが）では，人的資源管
理の成立に先立って**内部請負制**が展開していた。これは，親方と呼ばれる熟練
労働者（企業の職制では職長となる）が仕事を企業から請け負い，どのような
段取りで仕事を進めるか，誰にどれだけ報酬を支払うかはすべて親方が決定す
るという方式である。言わば，こうした内部請負制は「管理統制を請負人に譲
り渡すもの」[2]に他ならないのである。

ここで，内部請負制の背景について説明しよう。当時の生産工程は，熟練労
働者である親方の**万能的熟練**に依るところが大きかった。こうした万能熟練は，
「暗黙知」として親方に内在化されていたため，生産活動の統轄は専ら親方に
よって担われていた。親方の要求を呑まなければ他企業に移動されてしまうか
ら，自社に留まらせるためには，彼らの要求を容れなければならない。これが
職長帝国（ネルスン，1978，第3章）と呼ばれるものである。

他方発注者である企業は職長に労働コストの切り下げを期待したので，職長
は単位当たりのコストを減らすために，達成率を上げるべく，労働者に対する
酷使や威嚇を行った。これが，**駆り立て方式**（drive system）[3]と呼ばれるもので
あり，こうした「駆り立て方式」に対し，労働組合は，採用や配置に関するさ
まざまな規制によって抵抗していたのである。

科学的管理法の成立

　しかし，こうした内部請負制は，19世紀末から20世紀初めにかけて，大きな転機を迎える。この時期大量生産方式の成立によって生産技術の近代化が進展し，従来生産工程を統轄していた職長＝親方の万能的熟練が解体し，管理統制の担い手は職長ではなく企業が直接行うようになった。職長の万能的熟練は複数の職務に細分化され，労働者は企業の中で複数の職務を経験しながら昇進するのが一般的になった。また，賃金決定は最早職長の専断事項ではなく，**企業内賃金構造**が成立した。そこでは，職長がすべての機能を担うことは不可能になり，職長の役割の分化，専門化が進展する。それに伴い客観的知識に基づいて誰もが行える**科学的管理**が必要とされた。具体的には**標準作業時間の測定**，**要素賃率決定**，**差別出来高給**（成績の良い人ほど高い出来高給）などが挙げられる。科学的管理の担い手は**技術士**と呼ばれる専門職，その代表がフレデリック・テーラー（Taylor, Frederic）である[4]。

　ところで白井（1992）は，アメリカ労務管理の歴史に関して重要な問題提起を行っている。即ち「アメリカは資本主義発展のなかではイギリスやドイツに比べ後発国である。そこで労務管理が最も先駆的に発達したのはいかなる理由によるのか」[5]。

　この点に関して，最も説得的な主張を展開しているのは小池（1977）である。最も早く資本主義化がなされたイギリスでは，初期資本主義に固有の職業別労働組合の呪縛から逃れることができなかった。他方，イギリスに比べて資本主義化が遅れたアメリカでは初期段階を経ずして直接産業化が進んだため，産業化に不可欠な労務管理がいち早く発達したのである[6]。

2　日本における人的資源管理の歴史的発達

内部請負制から直轄管理へ

　これまで内部請負制から直轄管理への移行という観点からアメリカの労務管理の歴史を検討したが，ここで目を転じて明治以降日本の人的資源管理の歴史を概観しよう。

　白井（1992）は労務管理を「企業の直轄方式による集団的労働の計画的組織

的管理」[7]と定義した。しかし，1920年代から30年代までは，親方請負制が支配的であった[8]。

白井（1992）は，企業直轄の管理を促進した要因として，①重工業の進展による産業構造の近代化，②熟練労働力の不足とそれに伴う労働移動の増大，③技術変化と生産手段の体系的整備による親方請負制の崩壊，④労働組合運動復活，労働争議の復活による企業内労使関係対策の重視，⑤労働政策の進展，といった点を挙げている[9]。

また尾高（1993）も第1次大戦後の労務管理における日・米の共通性として，経営の大規模化の進展によって労務管理の主体は職長から経営側の集中管理に移行したこと，労使紛争解決の主役として工場委員会制度が導入されたことを指摘している[10]。

年功的労使関係とは

さて，白井（1992）は，こうして生まれた企業直轄による労務管理を**年功的労使関係**と規定した。年功的労使関係は，第1次大戦後昭和恐慌の産業合理化過程で民間の大企業において成立し，第2次大戦以前は一部の大企業，まず高学歴ホワイトカラーに適用された制度が，漸進的にブルーカラーをも包含するようになった。具体的には①熟練形成として企業内，工場内訓練制度の重視，②長期勤続の奨励，③年功賃金や企業内福利施設など長期勤続を奨励し，忠誠心を引き出すための報酬制度，④従業員の階層序列とその中で役割を配分する基準である学歴的身分制，といった点である[11]。要は，この時期，「職員」と「工員」は別物として扱われており，年功的労使関係は「職員」層を対象にしたものに過ぎなかったのである。

ところで年功的労使関係の根幹である企業内訓練について，尾高（1993）は，**借りた技術仮説**という説得的な仮説を提示している。即ち日本の初期工業化においては，従来の技術と断絶した多くの生産技術が輸入された。こうした「借りた技術」は，その据付に現場独自の工夫が必要とされ，しかも，外国技術は同一業種毎に細かな相違があり，提携先が異なれば必ずしも互換的とはいかなかった。こうした意味で，日本に輸入された技術は一定期間企業特殊的な性格を持たざるを得なかったのである[12]。

戦後の人的資源管理

　以上が，年功的労使関係が成立した第2次大戦前の状況である。先述したように，この時期年功的労使関係の主な対象は大企業ホワイトカラーであり，それが制度として確立するのは，第2次大戦後のことである。年功労使関係における戦前と戦後の違いは，前者が企業の恣意で決まる一方的なものであったのに対し，戦後は労使の交渉で決定される双方的なものになったことである。即ち，**労働関係調整法**（1947年），**労働基準法**（1947年），**労働組合法**（1949年）という労働三法が制定され，労働組合は，合法的存在として認知された。団体交渉の結果は労働協約として明文化されるようになり，労使紛争のルールも確立した。さらに労働基準法が雇用・労働条件の公正な最低基準を規定するようになった[13]。

　さて，以下では戦後の人的資源管理を3つの時期に分けて検討しよう。

　まず第1期は，1940年代後半〜50年代である。この時期を一言で形容すれば，**労働組合攻勢**と言えるだろう。具体的には，電力産業の労働組合によって獲得された生活費を基礎とする**電産型賃金体系**，戦前は別物として扱われていた**職員・工員の身分差別撤廃**とその結果としての労職一体の資格制度，さらに賃金闘争を春期に集中させることによって賃金水準の平準化を目指した**春闘**，などが挙げられる。ちなみに春闘が始まるのは1955年であり，まさに「1955年体制」の象徴と言えるだろう。

高度成長期の人的資源管理

　続く第2期は，高度成長期における**経営側の選別強化**である。第3章で述べたように年功賃金は先任権とは異なって「年の功」ではなく，あくまでも「年と功」の仕組みである。しかし，生活保障が強化された結果，それは限りなく「年の功」に近づいていく。したがって，この時期企業によってなされた試みは，こうした「年の功」化を是正することに傾注されていた[14]。

　まず，最初の試みは職務給の導入である。1950年代から1960年代前半にかけて，製紙や鉄鋼といった基幹産業で職務給の導入が試みられた。その意図は，年功賃金の属人的側面，即ち生活保障給的側面を弱めるという点にある。理論的に考えると，職務給は年齢ではなく仕事に対して賃金を支払う仕組みだから

属人給の対極に位置するし，「仕事＝椅子」と考えれば定員管理の厳格化にもつながる。さらに第9章で述べるように，同一労働同一賃金を具現するものでもある。こうした職務給の「優れた」側面を学ぶべく，海外へのミッションの派遣がこの時期踵を接して行われた。

しかし，次節でも言及するが，この時期職務給化の試みは必ずしも成功しなかった。長期雇用を維持するためには配置転換を行うことが不可欠だが，仕事に価格をつける職務給は，こうした配置転換とは相容れない，むしろ仕事によって賃金が変わらない属人給のほうが配置転換をやりやすいからである。

その後1960年代は，人手不足と春闘の成果によって，初任給相場が持続的に上昇した。このことは必然的に在籍者の賃金上昇をもたらし，企業の人件費負担を増大させる。この点に対する施策が，**能力主義管理**や職能給の導入である（日経連能力主義管理研究会編，1969）。

しかし能力主義管理にせよ職能給にせよ，前提となるのは査定の強化であり，生活保障を求める労働組合にとって本来受け入れられるものではない。にもかかわらず，実の所労働組合の「能力主義＝査定強化」に対する抵抗はそれほど激しいものではなかった。確かに，査定の強化は組合にとって受け入れ難い。しかし職務給は，仕事が変わらない限り賃金が変わらないという意味で年功賃金とは相容れない。これに対し能力主義や職能給であれば，それを甘受することによって年功賃金の根幹である定期昇給を維持することが可能である。以上は，熊沢（1997）による解釈である[15]。

オイルショック以降の人的資源管理

第3期は1973年のオイルショック以降，この時期を特徴づけるのは**人的資源管理に対する労働行政の関与**に対する労働行政の関与である。

まず第1に挙げられるのが，1973年発生したオイルショック以降の雇用調整である。第8章で詳しく述べるが，雇用調整とは，労働需要の変動に応じて労働投入量を調整することであり，人員タームの調整とマン・アワータイムの調整（労働時間による調整）に分けられる。企業はまず残業時間を削減し，それでは充分でない場合人員タームの調整に手をつける。しかしこれも解雇という直截な手段に訴えるのではなく，新規採用の抑制や関連企業への出向・転籍，

さらに早期退職優遇制度などがほとんどである。特にこの時期，**雇用調整助成金**が創設され，雇用保険を財源に雇用を維持するための助成金が企業に支給されるようになった。この点も，企業が解雇という「ハード」な手段に訴えなくて済んだ1つの理由であろう。

　第2は，1970〜80年代の定年延長である。当時定年年齢の主流は55歳であったが，従業員の高齢化に伴い60歳への**定年延長**が必要になった。しかし，個別企業が自主的に定年延長を行うインセンティブは乏しいので，この点は行政主導で行われた。第8章で検討するように，1998年には60歳未満の定年年齢は無効になり，現在は60歳以降の雇用延長が求められている。

　また第3点として，1986年に施行された**男女雇用機会均等法**が挙げられる。男女間の差別については賃金に関しては労働基準法第4条で禁止されていたが，雇用管理の側面については差別を規制する法的な枠組みは存在しなかった。男女雇用機会均等法は，日本政府が調印した国連婦人差別撤廃条約を批准するための法的整備という過程の中で制定され，採用から定年退職に至る雇用管理のすべての領域が法的規制の対象になった。コース別雇用制度はこうした法的規制に対する企業の対応の1つであり，企業内を基幹的な総合職と補助的な一般職というコースに分け，女性は，少なくともどちらのコースをも選択できる「機会」が与えられたのである。

　しかし1986年段階では，差別の**禁止規定**は教育訓練と退職に留まっており，その他の領域は**努力義務規定**に留まっていた。1999年改正男女雇用機会均等法では，募集・採用や配置，昇進といった，これまで努力義務規定だった領域も禁止規定になり，それと引き換えに時間外労働に対する保護規定（女性に対する残業時間は，1日2時間，週6時間，年150時間以内とする規制が存在した）が撤廃されている。

　また，改正男女雇用機会均等法では新たな措置が講じられた。本来この法律の趣旨は，男女に「均等な機会」を与えることであり，「結果の平等」は志向していない。しかしそれでは女性の職場進出は遅々として進まない。そこで，「女性を対象にした職域拡大」や，「女性管理職育成計画」，「女性管理職の数値目標」といった女性優遇措置を講じることが奨励されるようになった。これが，**ポジティブ・アクション**である。

　さらに第４は，1985年に成立した**労働者派遣法**である。第３章でも述べたように，当初この法律は**ポジティブ・リスト**，（原則禁止・例外許可）であったのが，1999年の改正によって，**ネガティブ・リスト**（原則許可・例外禁止）への規制緩和が行われた。

　その後2004年の改正では，ソフトウェアや機械設計といった専門性の高い26業務については，派遣期間がそれまでの３年間から無制限に延長された。またそれ以外の業務に関しても，従来の１年間から３年間に延長された。反面26業務以外については，派遣労働者が同一企業に３年間派遣された場合，派遣先は直接雇用を申し込まなければならない。

　第５点は，**労働基準法の改正**である。1987年の改正では，法定労働時間が１日８時間，週40時間となる一方，一定の条件を満たした仕事については，実労働時間でなく，みなし労働時間で管理する裁量労働制が導入された。2004年の改正では，法定雇用契約期間が従来の最大１年（期間に定めのないものを除く）から一定の基準を満たしたものについては３年間に延長され，裁量労働制がホワイトカラーの仕事，具体的には企画職にも拡充された。さらに，2019年４月に施行された「働き方改革関連法」では，一定の年収条件を満たす者を残業手当や深夜業割増賃金の適用除外とする「高度プロフェッショナル」制度が導入されている。裁量労働制については，第９章で詳しく検討することにしたい。

3　人的資源管理とオーラル・ヒストリー

オーラル・ヒストリーとは[16]

　これまで，アメリカと日本における人的資源管理の歴史について検討した。ところで，最近歴史研究では**オーラル・ヒストリー**という手法が採られている。オーラルとは「口頭の，口述の」という意味，即ちオーラル・ヒストリーとは「書かれた歴史」に対し「話された歴史」を意味している。ここで，「書かれた歴史」とは言うまでもなく文書資料を意味している。公式記録から日記や回顧録，新聞・雑誌等のメディアに至るまで，世に無数に存在する資料から「資料批判」という手順を踏むことによって何が価値ある史料かを検討する，これが通常の歴史研究である。

　しかし，文書資料が貴重な史料であることはもちろんだが，そこには「書かれていない真実」には迫れないという制約が存在する。しかし文書資料だけでなく，ある歴史事件の当事者が直接口述した記録を研究者自身が作成できれば，それは文書資料に勝るとも劣らない史料となる。その意味で，オーラル・ヒストリーは研究成果そのものというよりは，計量経済学研究における統計資料と同様歴史研究のためのローデータの集積作業と言えるだろう。

　こうしたオーラル・ヒストリーには，**ライフ・オーラル**と**テーマ・オーラル**という2つの手法が存在する。前者は同一人に関して，その生い立ちから現在に至るまでかなり詳細な記録を作成する。人的資源管理の分野では，例えば楠田（2004），福岡（2002）などが挙げられる。他方，テーマ・オーラルは個人の生い立ちや経歴はもちろんであるが，歴史上のイベントに関与した複数の人々に対して，そのイベントを中心に，インタビューを実施するというものである。

　次項では，1966～68年に日経連労務管理委員会の下部機関として設置された能力主義管理研究会のメンバーを対象にしたテーマ・オーラルである八代充史他編（2010）を素材に，オーラル・ヒストリーについて検討しよう。

なぜ「能力主義管理」なのか？[17]

　1966年10月，日本経営者団体連盟（以下「日経連」）は前年の「少数精鋭主義」に言及した年次報告を受けて，その政策審議委員会である労務管理委員会の下部組織として「能力主義管理研究会」（以下「研究会」）を設置した。この研究会は，日経連加盟の主要企業の部課長級人事担当者による研究会であり，1968年10月まで継続した。研究会の成果は，日経連能力主義管理研究会編（1969）（以下『能力主義管理』）と題して，日経連弘報部より刊行されている。これまで経営者団体や政府系機関から，研究報告書や提言が数多く発表されているが，後世への影響という点ではこの報告書が群を抜いている。

　では，一体この研究会は如何なる環境や問題意識の下に始まったのか。毎回の研究会では何が議論され，最終報告書にどのような形で反映されたのか。また「能力主義」に対する対立軸は何だったか，そもそも当事者は「能力主義」をどのように考えており，誰を念頭に置いて議論していたのだろうか。

　これから述べるのは日経連能力主義管理オーラル・ヒストリー研究会が2005年から2007年にかけて行われたインタビューに基づいた高度成長期の人的資源管理である。なお，インタビューの対象者は以下の通りであるが（肩書は，能力主義管理研究会当時のものである），能力主義管理研究会そのものの構成については図表4-1を参照されたい。

　藤田　至孝　氏（日経連労政第一部管理課長）

図表4-1　日経連能力主義管理研究会の構成

	日経連能力主義管理研究会委員名簿　　（会社五十音順）
主　査	昭和電工㈱　千葉工場　総務課長　早稲田嘉実
委　員	石川島播磨重工業㈱　勤労部長補佐　浅沢誠夫
〃	花王石鹸㈱　人事部主任部員　小平政男
〃	㈱小松製作所　人事部人事課長　百瀬章夫
〃	十条製紙㈱　石巻工場　勤労部長　三浦成夫　（佐藤克躬）
〃	ソニー㈱　人事開発室課長　植松千里
〃	東亜燃料工業㈱　人事部人事課長　高橋準
〃	東京急行電鉄㈱　労務部次長　渡辺敏郎
〃	東京芝浦電気㈱　人事勤労部管理担当　北林敬三　（枝広正純）
〃	東京電力㈱　総合能力開発本部能力開発課長　吉里和巳
〃	日産自動車㈱　人事部教育課長　野田雄太郎
〃	日本精工㈱　東京支社長代理　石井朔夫
〃	日本セメント㈱　人事部次長　佐藤清治
〃	日本通運㈱　総務部人事課長　末永康明　（平井恒夫）
〃	日本放送協会　人事部副部長　菅信五　（白石純造）
〃	ブリヂストンタイヤ㈱　東京工場事務部長　森順一
〃	㈱富士銀行　人事部次長　端田泰三
〃	富士製鉄㈱　教育部教育課長　山田雄一
〃	三菱レイヨン㈱　研究所総務課長　児島正美
〃	㈱三越　総務部次長　石原金治　（小山近爾）
事務局	日経連労政第1部長　宮本一朗
〃	日経連労政第1部管理課長　藤田至孝
〃	日経連労政第1部管理課　越野達郎（日本鉱業㈱より出向） 　　　　　　　　　　　　（福島安）（　　　　〃　　　　）

注：カッコ内は前任者
資料出所：日経連能力主義管理研究会編（1969）。

福島　安　氏（日経連労政第一部管理課，日本鉱業より出向）

浅澤　誠夫　氏（石川島播磨重工勤労部長補佐）

植松　千里　氏（ソニー人事開発室課長）

野田　雄太郎氏（日産自動車人事部人事課長，教育課長）

山田　雄一　氏（富士製鉄教育部教育課長）

　まず重要であるのは，1960年代の後半高度成長只中のこの時期なぜ日経連が「能力主義管理」に関する研究会を設置したかである。この点について，研究会の事務局である日経連労政第一部管理課の課長だった藤田至孝氏は次のように述べている。

　「『能力主義管理』の1ページの，日経連労務管理委員会委員長の茂木啓三郎さんの『序言』には，『労働力不足・資本自由化など』と書いてあります」。また，労政第一部管理課で藤田氏の部下だった福島安氏も同様の点を指摘している。

　「何で能力主義ということを言いだしたかということを改めて整理していきますと，当時，GDP（国内総生産）ですかGNP（国民総生産）ではかなり日本は欧米に追いつけ追い越せ，もう追いついたかなぐらいに来ていますよね。そうすると，このままでいいのかなということになりそうなんだけれども，ちょっと待てよと。

　藤田さんがいつも指摘しておったのは，労働密度が違う，それから，1人当たりの労働生産性がはるかに劣っていると」。

　この点，富士製鉄から参加した山田雄一氏の証言は以下の通りである。

　「1960年代中頃，ブルーカラーの労働基盤は職務給という線を打ち出し，一段落を見ました。引き続きホワイトカラーの労働生産性問題を取り上げようとスタートさせたのが能力主義管理研究会です」。

　ところで研究会が行われていた当時，「能力主義管理」という言葉はどの程度一般的なものだったのだろうか。福島安氏は，次のように述べている。

　「『能力主義』といえばある程度，一般用語的にだいたいどんなことかはわかりますが，『能力主義管理』という言葉は，新しかったと思いますね」。「1964年に生産性本部が『労務管理全書』という，かなり野心的な16巻に及ぶ本を

出していますけれども，それの第1巻だけたまたま見つけて，きょうもザッと見たんだけれども，そこには『能力主義』とか『能力主義管理』という言葉はあまりなかったような気がしますね」。

また，石川島播磨重工から参加していた浅澤誠夫氏の証言は以下の通りである。

「『能力主義』という言葉はもう使われていました。ただ『管理』までいくのかどうかというのはちょっとありますけれども。これはもう昭和30年代のはじめから，年功・学歴基準のままではいかんと。やっぱり能力に着目した人事を考えるべし，能力主義だという空気がありましたから」。

そこで，「能力主義」と「能力主義管理」の違いは何かということが問題となる。以下は，藤田至孝氏の証言である。

「とにかく能力主義に対しもちろん労働組合は反対でした。『能力主義なんてとんでもない。少数精鋭主義なんてとんでもない』。まあ，能力開発というようなことをも意味しているんだという主張を，労働協会の公開討論会やいろんな雑誌の論文なんかで日経連は私も含めて強調してきたのですけれども，それはやはり，そういう組合が同じ土俵で議論するようにしなければ，能力主義は入れられない」。

能力主義管理の対象は？

ところで，「能力主義管理」と言う場合，その対象としては，誰が念頭に置かれていたのだろうか。この点藤田至孝氏は，「(ホワイトカラーを議論したので：筆者注) 直間比率なんかが大きな調査になったわけですね」と述べているし，山田雄一氏も以下の通り証言している。

「もっぱらホワイトカラーです。このディスカッションの中にも陰に陽に出てくるわけなのですが。ただし，そのときになぜそういうことをはっきりこの中では言っていないかと申しますと，ホワイトカラーという言葉の反対連想でブルーカラーという言葉が浮かび，その言葉自体が，社会的反感を呼ぶおそれがあったからではないでしょうか」。

「(研究会の対象がホワイトカラーだということは：編者注) 自明の前提として議論を進めました。つまり，ブルーカラーは職務給，ホワイトカラーは

能力主義。能力主義の制度的な基軸というのは職能資格制度。これがまた，受け取り方が委員の数くらいのバリエーションがあって，いまだに職能資格は議論の的になっています」。

隠された真実―覆面座談会

ところで，報告書のドラフトが完成した段階で研究会委員と上部委員会である労務管理委員会委員との間で文字通り「喧々囂々」の議論が闘わされた座談会が行われ，その結果は個人名を伏せた形ではあるが，『能力主義管理』の巻末に収録されている。この記録は委員の意見の相違を明瞭に示しており，従って後世に残された資料として極めて貴重である。

戦後人的資源管理の重要な課題は，前節でも述べたように職務給移行の是非であった。製造業の現場では職務給導入に関する数々の取り組みがなされ，海外へのミッションも送られている。現に日経連では，1964年に「職務分析センター」を設立している。しかしこうした試みにもかかわらず，既にこの当時，「職務給派」に対する「属人給派」の優位は動かなかった。この点，浅澤誠夫氏は次のように述べている。

「研究会の方向も，どうやら職務給ではなくて，職能給の方向，基軸制度は職能資格制度だと。しかも，それは当時の世論だったと思います。職務給派と職能給派を比べれば，この頃は職能給派のほうが多かったと思うのですがね」。

とすれば，『能力主義管理』は「職務給 vs. 職能給」論争に事実上決着がついたことを，日経連の報告として初めて公式に言及したと見ることもできるだろう。むしろ議論の中心は，日産自動車から参加した野田雄太郎氏が述べるように，「『能力』とは何か」という点にあった。

「能力主義は大事だけれども，能力主義そのものはなかなか評価しにくいから，業績評価とか，そういう面で裏付ける場合がある。あるいは年功序列とか，能力主義をはかるために必要だろうと。それをぜんぶ否定しちゃうと，じゃあ何でみるのかということになるわけですね。(中略) やはり難しいのは，ホワイトカラーの特に管理職とか，スタッフ，そういう人たちの指導評価ということなんでしょうね。現業にも能力主義管理がないわけではないんです。

ただ，やはり現業の場合には，実際の業績評価の面が主になるのでしょうが」。

オーラル・ヒストリーの問題点[18]

以上明らかなように，オーラル・ヒストリーには，歴史の当事者の発言ならではのものがある。ただし，そこには話し手と聞き手の利害が必ずしも一致しないという問題が存在することも事実である。例えばある事実が歴史家にとっては重要であっても，あくまでもそれは聞き手の側の事情であって，話し手はそうした事柄は往々にして話したがらないからである。

さらに，「回顧」という点がオーラル・ヒストリーの第2の問題に他ならない。文書資料は公式記録であれ日記であれ，過去の事実が発生したその時点で記録されたものである。他方，オーラル・ヒストリーは，基本「現在から過去を回顧する」という形式で作成される。その結果話し手に「語りたくないことは語らない」という意図がなく，聞き手に対して協力的であっても，どうしても過去の記憶が曖昧になってしまい，その結果，資料の価値が減殺するのは避けがたい。オーラル・ヒストリーを有効に活用するためには，他の資料との突き合わせによって妥当性についての検証作業を怠らないことが不可欠であろう。

<注>

(1)　本章の記述について詳細は，以下の文献を参照されたい。石田（1990），奥林他（1992），尾高（1993），キャペリ（2001），熊沢（1997），ジャコービィ（2005a），白井（1992），ネルスン（1978），兵藤（1980）。

(2)　ジャコービィ（2005a），p.45。

(3)　ジャコービィ（2005a），p.50。

(4)　奥林他（1992）第2章，ジャコービィ（2005a）第2章。

(5)　白井（1992），pp.34〜35。

(6)　小池（1977），pp.238〜240。

(7)　白井（1992），p.45。

(8)　この点については，兵藤（1980）によって詳細な検討が行われている。

(9)　白井（1992），p.47。

(10)　尾高（1993），pp.154〜155。

(11)　白井（1992），p.48。

(12)　尾高（1993），p.150。

(13)　白井（1992），p.61。

⒁　熊沢（1997），pp.24〜25。

⒂　熊沢（1997），pp.24〜27。

⒃　以下の記述は，八代（充）（2008a）に依拠するところが大きい。

⒄　以下の記述は，八代（充）他編（2010），第 I 部に依拠するところが大きい。詳細は，同書を参照されたい。

⒅　以下の記述は，八代（充）（2008a）に依拠するところが大きい。

第 5 章

人的資源管理の組織と制度

　この章では，人的資源管理の基礎理論である第1部と各論である第2部との
つなぎとして，人的資源管理にまつわる組織や制度について検討したい。採
用，配置・異動・昇進，賃金など人的資源管理の諸活動について理解するため
には，そのインフラストラクチャー（基礎構造）の理解が欠かせないからであ
る。

　以下取り上げるのは，①人的資源管理において，人事制度の企画立案や人事
異動の調整等中枢的な役割を果たしている人事部門，②従業員の組織における
相対的位置関係を表す人事制度，の2点である。

1　人事部門の組織と機能

企業組織の基礎

　まず，人事部門について検討する前に企業組織の基礎を確認しよう。企業組
織の基本は「分業と協業」であり，分業を進めるためには関連する仕事を束ね
て人事，経理，営業といった具合に組織をつくるのが合理的である。これが**職
能**であり，こうした職能に基づいてつくられた組織を**職能別組織**と言う（図表
5-1参照）。

　しかし企業の中で多種多様な製品がつくられるようになると，1つの企業が
異なる市場に直面するため，意思決定の主体は企業のトップではなく，より現
場近くに置かれなければならない。こうなると職能別組織は使い勝手が悪くな
り，**事業部**と呼ばれる営業から生産までワンセットの職能を抱えた「擬似企業」
が登場する（事業部は，損益―これをP/Lと言う―に対して責任を負っている）。

図表5-1　職能別組織

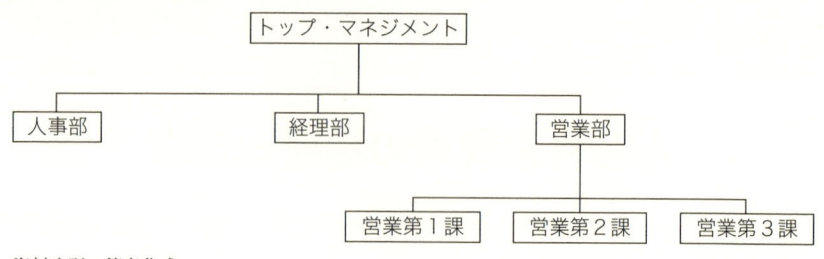

資料出所：筆者作成。

図表5-2　事業部制組織

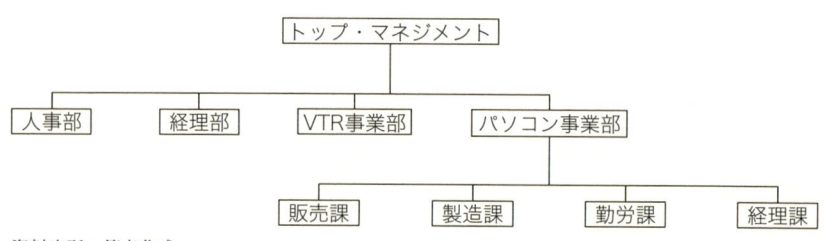

資料出所：筆者作成。

　これが**事業部制組織**である（図表5-2参照）。もちろん企業のすべてが事業部制組織に移行するわけではなく，本社管理部門では従来の職能別組織が維持されている。

　また，企業組織を意思決定という観点から分類すると，最も一般的であるのは**ライン・スタッフ型組織**である。ライン・スタッフ型組織は軍隊から導入されたものであり，タテの命令系統が貫徹しているライン機能と，こうしたラインに助言を与えるスタッフ機能によって形成されている組織である。そして，こうしたライン機能の中で売り上げや部下の管理に対して責任を有している者が**ライン管理職**である。ライン組織においては，部下は上司（ライン管理職）に報告を行い，上司は部下に指示命令を行うが，これをレポーティング・ライン（reporting line）と言う。ライン管理職と報告ラインで結ばれている者が彼ら

図表5-3　マトリックス組織

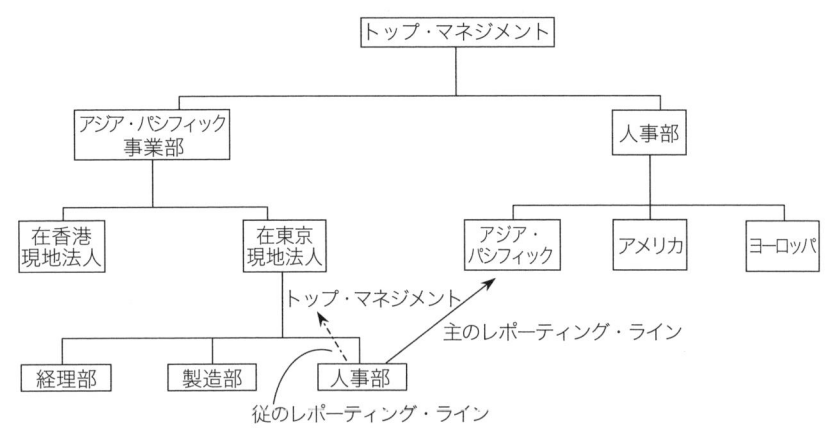

資料出所：筆者作成。

の直属の部下である。典型的なライン組織は「営業部」や「○○工場」，また典型的なスタッフ組織は「人事部」，「経理部」などトップ・マネジメントの参謀的な役割を果たしている本社管理部門である。例えば「営業企画課」は「営業部」と言うラインに対する（国内総生産）スタッフなので，スタッフ組織である。ただし，スタッフ部門の中にもタテの命令系統（企画課長—企画係長—担当者）が存在することは，先に述べた通りである。

　他方，一部に**マトリックス組織**を導入している企業も見られる（図表5-3参照）。これは一人の部下が複数の上司と報告ラインを形成している組織で，プロジェクトを中心に運営されている研究所など流動性の高い部門で有効であると言えるだろう。

　さらに近年は，組織構造を部長—課長—係長という多階層の**ピラミッド型**から階層の数を少なくした**フラット型**に改める企業が増えている。確かにピラミッド型組織が意思決定に時間がかかり，経営活動の迅速性を損なうのは事実なので，フラット型組織は先に述べた「現場に近い意思決定」という観点からは理にかなっている。

　しかし，余りに階層の少ない組織は逆に一人の上司が管理する部下の数（これを**統制の範囲**（**スパン・オブ・コントロール**）と言う）を増大させる。また

通常企業内昇進は係長―課長―部長という形で行われるから,「係長は課長の候補,課長は部長の候補」という形で企業内に「人材ストック」が存在するが,フラット化を極端に推し進めると,こうした人材ストックが減少するという問題も生じる。「ピラミッド型―悪,フラット型―善」とは必ずしも言えないのである。

人事部門の組織

　第2章で述べたように,人的資源管理はトップ・マネジメント,人事部門,ライン管理職という三者の分業によって行われており,人事部門は人的資源管理に関する計画立案・制度づくりと専門的サービス提供を担当している。人事部門は,先の用語に従えば職能別組織であり,またスタッフ部門である。

　ところで人事部門の組織形態は必ずしも一様ではなく,いくつかのタイプに類型化することができる。

　まず第1は,人事担当組織が本社のみに存在する(即ち,本社人事部)タイプであり,その典型は金融機関である。このタイプの企業では採用,配置・異動,昇格といった人事機能は本社に集約されており,事業所長の裁量は支店内部の配置・異動に限定されているのが一般的である(図表5-4参照)。

　第2のタイプは,本社人事部に加えて事業部や事業所人事業務を専業で行う組織が存在するタイプであり,具体的には製造業の多くがこれに該当する。事業部や事業所で人事を専業で行う者は,組織上は事業部長や事業所長のスタッフであり,従って,彼らは第一義的には事業部長や事業所長に「お仕え」している。しかし彼らは,職能上本社人事部と同じ「人事」に所属しており,事業

図表5-4　人事担当組織の類型―(1)人事担当組織が本社人事部のみである場合

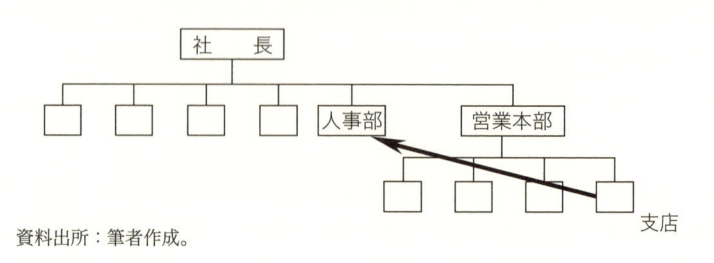

資料出所:筆者作成。

部長や事業所長だけではなく，本社人事部に対しても報告が求められるというマトリックス組織に位置づけられる。また本社→事業所，事業所→本社，といったキャリア・パスは日常茶飯事であり，さらに彼らの人件費は本社人事部の勘定に含まれている。したがって，本社人事部は，彼らを通じて事業部・事業所の個別人事に一定の影響力を行使できるのである（図表5-5参照）。

　第3のタイプは本社人事部プラス事業部門に人事業務を行う組織が存在するが，ただし専業ではなく兼業というものである。これに該当するのが総合商社

図表5-5　人事担当組織の類型─⑵事業部・事業所に人事担当組織がある場合

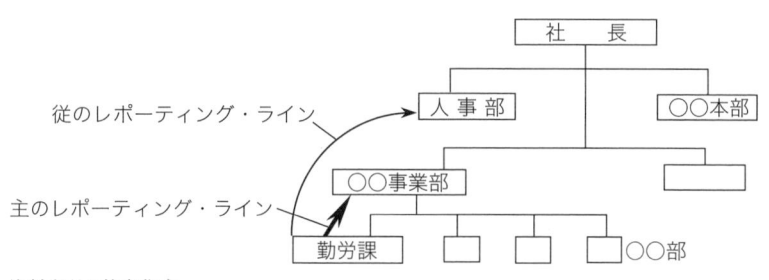

資料出所：筆者作成。

図表5-6　人事担当組織の類型─⑶事業部門に人事兼担の組織がある場合

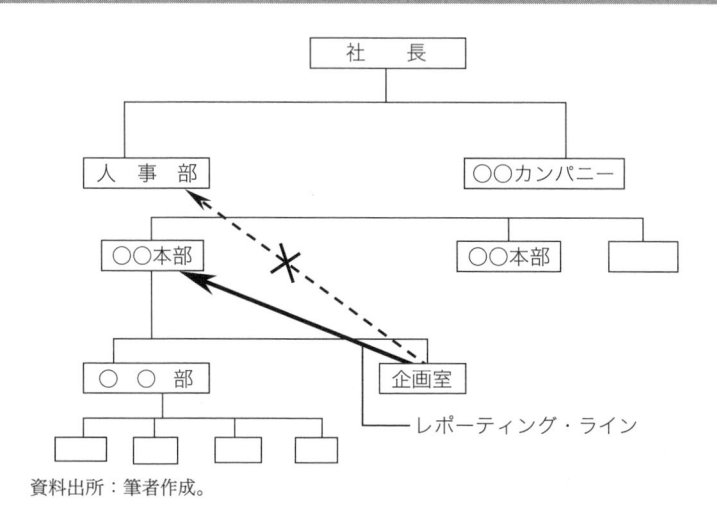

資料出所：筆者作成。

である（図表5-6参照）。

　このタイプの組織では第2のタイプとは異なり，事業部門の人事（兼任）担当者は本社人事部と「職能上の一体性」やそれに伴う本社とのジョブ・ローテーション，本社による人件費の負担は存在しない。従って本社人事部の人事上の影響力は，新規学卒社員の配属と本社が立案した人事制度を事業部門に適用するという点を除けば皆無である。

　人事部門の「権限」という観点からは，第1のタイプが最も大きな権限を有しており，他方第3のタイプは最も権限が小さいが「独裁者志向の強い人事部長が集権的な人事部をつくり上げている」わけでは，もちろんない。こうした人事担当組織の違い，権限の違いは，「業務の集権性」の程度によって規定されている。即ち，金融機関は広い意味での「お金」を扱うという点では最も製品の均質性が高く，その結果権限を分散するよりは本社に集中させたほうが効率的である。こうした集約化は，経済学的には**規模の経済性**[1]，また会計学は**シェアード・サービス**と呼ばれている。

　他方，製造業の事業部制組織は金融機関に比べて製品が多角化しているので，人事権限も事業部に一部委譲されており，さらに「ラーメンからミサイルまで」幅広い製品を扱う総合商社では，製造業では見られる本社と事業部門との「赤い糸」すら，もはや存在しない。本社人事部が一元的に管理することが不可能であれば人件費を負担したり，本社と事業部門とのキャリア・パスを設定することは意味がないし，そもそもできないのである。

　以上は日本を念頭に置いた人事部門の組織であるが，他方欧米では（採用，給与，福利厚生等の人事サービスを「生産」するという意味での）**プロダクト・ライン**と，ビジネス・ラインに人事サービスの「社内営業」を行う**ビジネス・パートナー・ライン**の2つに分けるのが近年の1つのモデルになっている。こうした違いは，要するに人事部門が「権限の所在」であるのか，あるいは「ライン管理職に対するサービス部門」であるのかという違いに起因する。この点は，後でもう一度取り上げることにしよう。

本社人事部の組織

　次に再び日本企業を念頭に置いて，こうした人事担当組織の中で本社人事部

の組織について検討しよう。上記3タイプの最大公約数をまとめると，以下の通りである[2]。

　まず第1は，**募集・採用**である。もちろん，すべての従業員の募集・採用が**本社人事部**の管轄なわけではない。パートタイマーや（雇用労働者ではないが）派遣労働者，また正規従業員でもブルーカラーの採用は，事業所の管轄である。

　第2は，**人事企画**である。具体的には，人事制度の企画・立案やそれに伴う社内折衝や従業員への説明，中長期的な人員計画の作成等が挙げられる。金融機関や総合商社などのホワイトカラー産業では，労働組合との団体交渉も人事企画の担当である。

　第3は，初任配属（新入社員の最初の職務配置），異動，昇進・昇格，評価など**個別人事**に関与することである。個別人事のラインは人事考課結果に基づいて，またそれをさまざまな手段で「検証する」ことによって，異動・昇進等の個別人事を決定する。ただし昇進・昇格に際しての**昇格枠**の設定は，通常人事企画の仕事である。

　こうした企画ラインと個別人事ラインとの関係は，人事部門の組織と機能を考える上で極めて重要である。例えば，昇進・昇格のルールや「枠」の決定と，ルールの運用（即ち個別人事）を同じラインが担うことになると，「○○を昇格させたいからこういうルールにしよう」ということになりかねない。個別人事のラインは個別の人事情報を収集する過程で現場の従業員と接する機会が多く，その結果どうしても「現場寄り」になるからである。その意味で，両者の間にはインベストメントバンクでプライマリー市場を担当する部門とセカンダリー市場を担当する部門の間にインサイダー取引を防止するため組織上の「壁」があるのと同様，壁によって仕切られていなければならない。

　しかし両者の関係があまりにも疎遠であれば，現場の従業員の声は企画に届くことなく封殺されてしまう。個別人事のラインも，時には「壁」を越えて，意見具申をしなければならない。そのためには企画と個別人事との間に適度のジョブ・ローテーションによって，両者を隔てる壁が必要以上に高くならないようにすることが必要だろう。

　最後に，第4は賃金および労働組合との交渉であり，このラインは**労務**と呼ばれている。かつて労使関係が不安定であった時期は，労務は人事部の中で最

も重要なラインであり，「労担重役」という言葉に象徴されるように，少なからずの労務担当者が，大企業の社長や取締役まで上り詰めていた。しかし現在労務の「地位」は，労使関係の成熟化に伴って，複数組合を抱える一部の企業を除けば往年ほど高くはなくなっている。

　他方，以前は本社人事部の中で全社的な集合教育を担当していた**教育訓練**のラインは，現在は教育訓練のかなりの部分が部門に委譲されたことでアウトソーシングされる傾向にある。その他にも，各ラインでそれほど付加価値の高くない仕事（例えば，採用面接の会場確保や給与計算など）はアウトソーシングされている。外注先として，専業の会社を活用するのはもちろんのこと，「○○ヒューマン・リソース」といった人事部の一部をスピン・オフして，自社の出向先にしている場合もあることは，第3章で述べた通りである。

人事部門の存在意義

　ところで，人的資源管理を最終的に行っているのがライン管理職であるとすれば，企業組織の中で人事部門が存在するのは，一体なぜなのだろうか。

　この点を，図表5-7に即して説明しよう。一般に，上司は「デキル部下」ほど抱え込みたい，「ダメな部下ほど放出したい」という志向性を有している。しかしこうした上司の意向で人事が決められるとすれば，上司は部下一般を時間やコストをかけて「育成する」よりもデキル部下を「便利に使う」ことを優先しがちになる。その結果従業員の能力開発は阻害され，さらにその人をより必要とする他部署へ異動させることもできなくなってしまう。即ち，ライン主導の

図表5-7　配置・異動における人事部門とライン管理職

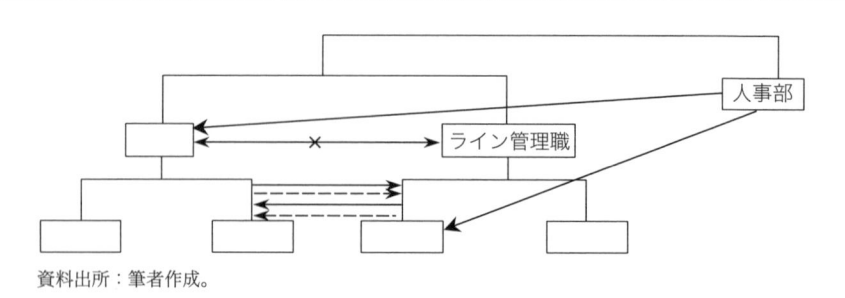

資料出所：筆者作成。

人事は企業内労働内労働市場におけるヒトと仕事のマッチング，人的資源管理に即して言えば，**適材適所**を阻害するのであり，その意味でラインとは独立した人事部門が，全社的な観点から個別人事に関与することは，企業内人事の適材適所に貢献するところ大であると言えるだろう。

　今述べたのは，配置・異動に関してであったが，人事部門の存在は評価についても重要である。上司が部下を評価する際は，自分の統制の範囲がその母集団となる。しかし一般に，評価の精度は母集団が大きくなるほど高くなる。例えば，部長が自分の「課」の中でAという評価をしても，それは「部」というさらに大きな母集団ではBにしかならないということは充分に起こり得る。しかも「評価の甘い上司」，「評価の辛い上司」という属人的な問題が介在するので，評価を上司だけに任せておくとさまざまな不公平の温床となりかねない。したがって，人事部門が，ライン管理職が行った評価の結果をより大きな母集団の中で見直すことは，評価の是正を通じて適材適所につながるだろう。

人事部門の国際比較

　このように述べたが，以上はあくまで日本の企業を念頭に置いたもの。欧米企業では適材適所や評価に関する考え方が180度異なっている（図表5-8参照）。

　まず典型的な欧米企業では，雇用は「特定職務への雇用」であり，その職務に人を雇うのは当該職務の上席者，即ちライン管理職である。したがって適材適所とは，ライン管理職が自分自身にとって（自らへの忠誠心を含め）最も有能な人材を調達することであり，部下が社内の他部門に異動することはあり得ない。なぜなら，ライン管理職は自分が捻出した予算で部下を雇用したのであり，彼らが他部門に異動することは他部門の従業員を自分の予算で雇うことに等しいからである。また，そもそも長期雇用は前提とされていないから，雇われた職務の喪失は雇用の終了につながり，この点からも社内異動は必要ないのである。

　他方日本企業における雇用は，特定職務ではなく「企業への雇用」である。これまで多くの企業の原理・原則は「長期雇用」であり，従業員の採用はあらかじめ職業能力を持たない新規学卒者だった。新規学卒者の採用をラインではなく人事部門で行うことは，先述した規模の経済性から見て合理的である。そ

図表5-8 人事部門の国際比較

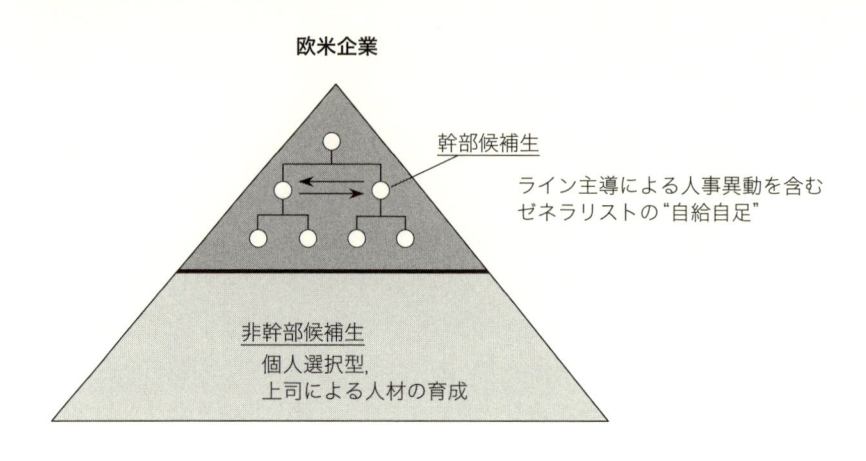

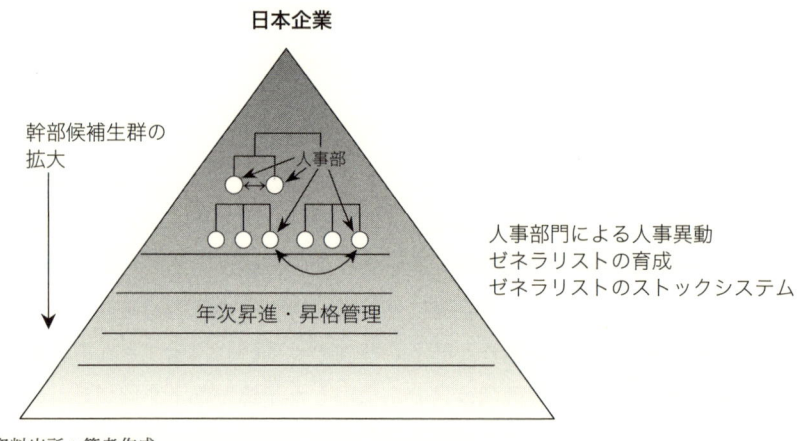

資料出所：筆者作成。

の結果，従業員の忠誠心の対象は「会社」という目に見えないものとなる。また長期雇用を守るためには企業内労働市場の柔軟性を高めなければならないし，新規学卒者を育成するためには社内でさまざまな職務を経験させなければならない。第7章で述べる年次管理然りである。こうした長期雇用や新規学卒採用に伴い人事異動を必要とする日本の企業は，欧米企業に比べ適材適所を「全社的観点」で考える傾向があり，同時にこうした社内異動の仕切りのために人事

部門に権限を集約させているのである。

　ここまでくると，人事部門による部門間の甘辛の調整が欧米企業には存在しないことも明らかである。「部門間の甘辛が不公平だ」という発想は，「全社的観点」に立っている。しかし，個々の職務に雇われている欧米企業の管理職には，そもそもこうした発想は希薄である。彼らは，部門間のバランスを取るために自部門の利害に反することが生じれば，徹底的に反対するだろう。彼らにとって「他部門の上司」ではなく，「自分の上司の甘辛」がすべてなのである。

　もちろん，日本と他国との差異を必要以上に強調するのは誤りである。日本と諸外国の間には，人事制度に始まって「できる部下を抱え込みたい」「昇進したい」という志向性等多くの共通点が存在する。これらの点に関しては，第2部，第3部で詳しく説明しよう。

　人事部門の存在意義としては，最後に先述した規模の経済性とも関係しているが，**集積のメリット**という点が挙げられる。集積の対象になるのは人事情報と人的資源である。ライン管理職が部下の人事情報を占有すれば人事異動に伴い情報が拡散してしまう。それを防ぐためには，人事情報を専門に扱う組織をつくる必要がある。また人事情報と共に集積が必要であるのは専門性を有するスタッフである。人的資源管理を直接実行するのはライン管理職だが，彼らにとって部下の管理はあくまで「兼業」であり，主体的に労働法規や人事制度の詳細に関して勉強するのを期待することは難しい。しかし，ラインに専門家を配属することは非効率であるから，この点に関する知識を提供し，さまざまな助言を行うサービス部門を社内につくることが，規模の経済性に適っている。特に欧米企業でライン管理職が人事部門に期待しているのは正にこの点であり，人事のサービスが期待にそわないものであれば容赦なく社外のコンサルタントに切り替えてしまう。それが人事部門のリストラクチャリングにつながることは言うまでもない。

これからの人事部門

　日本の企業を念頭に置くと，今後の人事部門は，長期雇用や新規学卒採用の存続如何に依存するところが大きい。長期雇用や新規学卒採用が崩れ，**ハイアーフリー・ファイアーフリー**（随時に雇い，随時に解雇する）の社会が到来すれ

ば，人事部門は，欧米のそれのようにライン管理職に対するサービス部門に特化していくだろう。他方，長期雇用や新規学卒採用が差異化された人材を育成するためなお有効であれば，人事部門の役割も大きくは変わらないだろう。私自身は，産業による差が大きくなるという前提で長期雇用と新規学卒採用という意味の日本的雇用制度は，大きくは変わらないと考えている。

ところで，近年のリストラクチャリングによって，人事部門でも要員が減少している。要員が減少しても仕事が減らなければ，残った者の労働生産性を「事後的」に高めるため**課制の廃止**や**プロジェクト・チーム**等が導入される[3]。しかし，多くの場合要員の減少は仕事の減少を伴う。そのため，正規従業員が行っていた仕事は，業務請負会社やコンサルタント会社，あるいは転職ビジネスなどに外注されている。

特に，少なからずの企業では，人事制度の企画・立案という付加価値の高い仕事ですらも人事部門とコンサルタント会社が渾然一体となっている。こうしたコンサルタント会社への依存は要員減少に伴う専門性の空洞化に対する対症療法であるが，それによって専門性が一層空洞化する危険性をはらんでいる。一番問題なのは，複数の人事制度を導入する過程で別々のコンサルタントによって作業が進められ，その結果，制度間の整合性が取れなくなること，そしてこうした無秩序な人事改革によって現場に「人事にやらされている意識」だけが蔓延していくことである。

企業は製品市場で競争するのと同様，労働市場でも競争しており，そのためには「流行」の人事制度を導入することも時には必要である。しかし，人事制度は闇雲に新しいものに飛びつけば良いというものではなく，段階を踏んで導入されることが必要なのである。

2 人事制度

タテの人事制度とヨコの人事制度

次に人事制度について説明しよう。人的資源管理とは，市場経済の中で最大利潤の獲得を目的にした企業が，従業員を合理的に活用し，また彼らのモチベーションを高めるための活動であるが，モチベーションを高めるためには，それ

に影響する要因をコントロールしなければならない。こうした要因を誘因（incentive，以下**インセンティブ**）と言うが，人事制度は第1章で言及した賃金や昇進といったインセンティブと密接に関連している。そして経営者やライン管理職の好き嫌いではなく，客観的な基準に基づいて昇進や昇給が行われるためには，人事制度はなくてはならないのである[4]。

　以下，この章では人事制度を2つの側面に分けて検討したい。第1は，**タテの人事制度**，これは企業内で従業員を階層化してその相対的位置関係を表すためのもので，一般的には**等級制度**と呼ばれている。第2は，コース別雇用制度や職種別採用等従業員が企業の中で進むべきコースや（これをキャリアと言う）職能を示した**ヨコの人事制度**である。

ジョブ・グレード，ジョブ・タイトル，資格制度

　等級制度は，大別次の2つに分けられる。第1は従業員のさまざまな属性を基準にしたもの，また第2は，従業員が配置されている職務価値を基準にしたものである。前者を**資格制度**（欧米では**ジョブ・タイトル**），後者を**ジョブ・グレード**と言う。この本で取り上げるのは，弁護士，医者と言った**職業資格**ではなく，個別企業の人事制度である**企業内資格**である。

　ところで，従業員を「階層化する」とは，言葉を換えれば彼らを「切り分ける」ことである。繰り返し述べたように人的資源管理の重要な目的は「従業員の合理的な活用」，そのために行われるのが職務配置である，即ち彼らは職務によって既に切り分けられている。

　しかし，実際には従業員を職務だけで切り分けることは不可能である。例えば従業員に賃金を支払うとして，人事制度が職務だけしかないと1つひとつ職務に値段をつけなければならなくなるが，これは大変である。また，職務配置のためには候補者をプールしておくことも必要であり，やはりそのためには他の人事制度が必要である。さらに，職務配置は「従業員の合理的活用」であるが，それとは異なる「名誉」や「偉さ」の基準で従業員を切り分ければ，インセンティブに関する企業の裁量性は高まるだろう。例えば等級の数が2つであれば，従業員は1回しか昇格できないが，4つあれば3回昇格のチャンスがある。もちろん，数を増やしすぎることは人的資源管理を煩雑にするので，実際

の等級の数は，昇格機会の提供と役職の階層数との兼ね合いという2つを勘案して決められるだろう。

　ここで資格制度の定義を述べよう。資格制度とは「職制とは別に，従業員の序列や処遇を明確にするために設けられている制度」である[5]。職制とはラインの役職（次に述べる職務の一種）であり，資格制度はそれとは別の，年齢，勤続，能力等さまざまな従業員属性によって運用されている。資格制度の最も卑近な例は軍隊の階級であり，「連隊長，中隊長」が役職（職務）にあたるとすれば，「大佐，大尉」という階級は資格に相当する。

　上記の定義からも明らかなように，資格制度がある企業では，ラインの役職と資格制度という2つの人事制度が並存している。役職と資格との間には「ある資格に在籍している者からある役職に就く者が決められる」という一定の対応関係が見られる。また少なくとも賃金の一定割合は，個人の在籍している資格が決定する。

　他方ジョブ・グレードは，「従業員そのもの」ではなく，「従業員が配置されている職務」を**職務評価**と呼ばれるプロセスによって等級化したものである（図表5-9参照）。典型的な職務評価の方法は点数法と呼ばれるものであり，一定基準に従って職務価値を点数化し，○○点〜○○点の価値を持つ職務を同一のジョブ・グレードに位置づける，そして従業員の給与はジョブ・グレードによって決められる。ただし多くの場合は，1グレードによって一律（これをシングル・レートと言う）ではなく，同一グレードの従業員でも人事考課によって賃金に差がつくレンジ・レートである。レンジ・レートの中央値をミッドポイントと言い，中途採用の基準値となっている。なお，ジョブ・グレードは，あくまで「職務の等級」である。したがって，昇格はイコール上位職務への異動であり，資格制度のように昇格と昇進が乖離することはない。ただし，同一職務に配属されたままでも，職務価値向上が認定されれば昇格は可能である。

　こうした2つの等級制度は，供給側である従業員属性によって従業員を階層化するのか，あるいは需要側である職務によって従業員を階層化するかが違いであると言えるだろう。以下では，こうした2つの等級制度の中で資格制度について詳しく見ることにしよう。

図表5-9　ジョブ・グレード

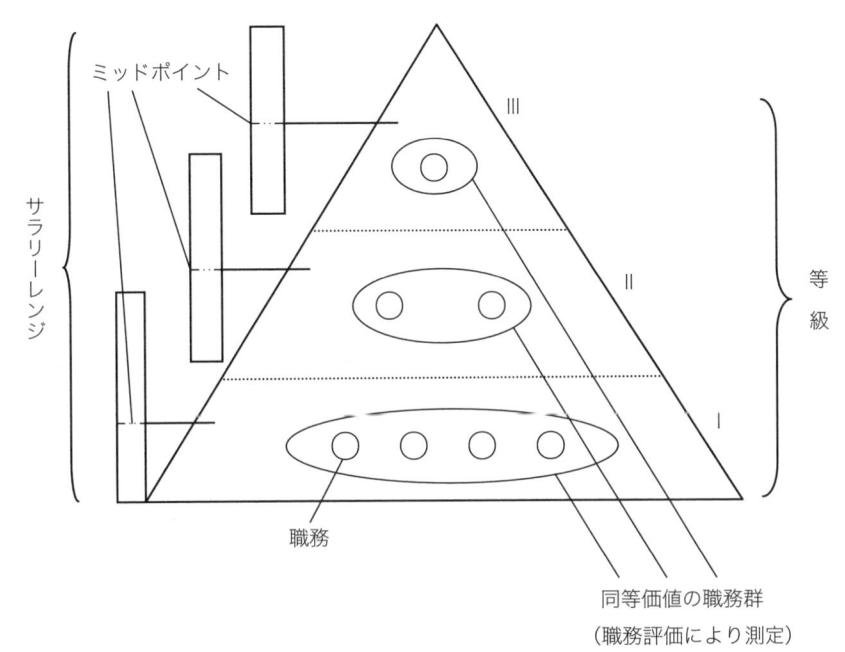

資料出所：筆者作成。

資格制度の機能の変遷

　かつて，労働省が行った調査によれば，5,000人以上規模企業では93.4％と，圧倒的多数の企業が資格制度を導入している（労働省政策調査部編，1999）。部長，課長といったラインの役職と資格制度の相違点は，後者が正規従業員全員に適用されていることである。

　資格制度は，前章で概観した人的資源管理の歴史上，何回かの節目を経て今日に至っている。まず，明治以降第2次大戦終了までの資格制度は，職員（ホワイトカラー），工員（ブルーカラー）という従業員身分を明確にするための**身分的資格制度**であった。しかし，第2次大戦後1950年代に身分制度が撤廃されると，従業員の処遇を年齢や学歴によって行う**年功的資格制度**が取って代わり，1960年代の高度成長期に労働力不足が顕在化すると，資格制度を「能力」（正確

には**職務遂行能力**）によって運用する**職能資格制度**が提唱された。

　しかし，こうした職能資格制度が実際に普及するのはオイルショック以降1970年代後半である。高度成長期の後半から，管理職ポスト不足が人的資源管理上の重要な問題となった。当初は部長代理，課長補佐といった**管理職ポストの乱発**が行われたが，その結果組織効率が著しく低下した。そこで，ポストの乱発に代わって多くの企業で行われたのが，部長，課長という役職昇進と参事，主事といった資格昇格を制度上切り離すという**役職と資格の分離**である（これまでは「ある資格に到達すれば，ある役職に昇進できる」という暗黙の関係が存在していた）。役職と資格の分離によって役職昇進が叶わない者も資格上の昇格は可能となり，また役職と資格の関係が緩まる一方，資格と賃金との結びつきが強まった。このことは従業員のモチベーション維持という点で大きな役割を果たしたのである。

　しかし資格と賃金との結びつきが強まる中でなお従来の年功的資格制度の運用を続けることによって，人件費コストの増大という問題が発生する。即ち，資格制度は昇進管理において「効率」（人件費の合理的配分）と「動機づけ」（従業員のモチベーションの維持）という二律背反に直面している（八代（充），2002，第1章）。職能資格制度が導入された目的は，正にこうした二律背反を調整する点にあると言えるだろう。

職能資格制度とは

　ここで職能資格制度の概要を説明しよう（図表5-10参照）。参事，主事といった各資格には，**職能要件**が定められている。これは，当該資格に在籍している従業員がOff-JTやOJTによって達成すべき職務遂行能力の要件であり，大学で言えば各学年で取得すべき科目や単位数を示したカリキュラムに相当するものである。従業員は，職能要件を達成すると上位資格に昇格（昇給）する。これを**卒業方式**と言う。他方当該資格の要件のみでなく，ちょうど入学試験のように上位資格の要件をも満たしていることを昇格要件とするのが**入学方式**である。両方式共に，昇格基準となるのは，各資格に設定された**必要滞留年数**（最近廃する企業もある）と人事考課である。ここから，職能資格制度が従業員の昇給，昇格，人事考課，能力開発といった人的資源管理の中心に位置していることが

図表5-10　職能資格制度における資格，役職，賃金

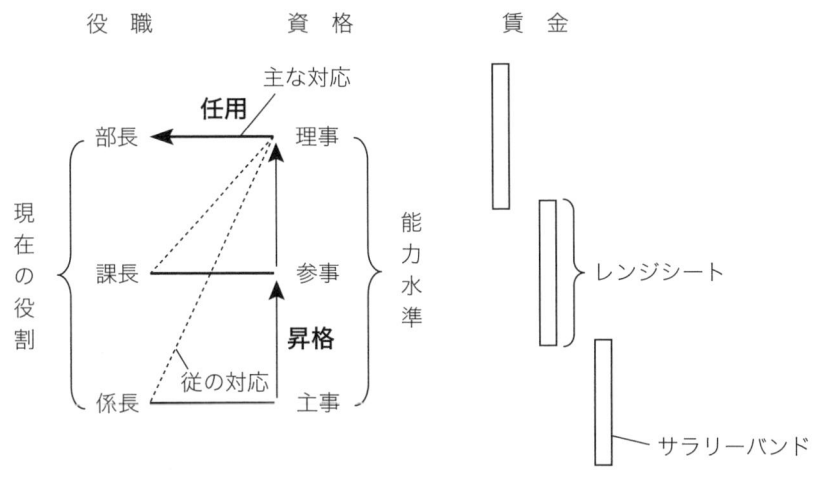

資料出所：佐藤・藤村・八代（充）（2015），p.71。

明らかである[6]。

　ところで，役職と資格の分離によって，両者の間には先に述べたように「ある資格に在籍している者から，ある役職に就く者が決められる」という関係が見られる。これを**昇格先行，昇進追随**と言う。

　この点を具体的に述べると，典型的な企業における役職と資格の関係は，主対応の役職から下は弾力的に設定されている（図表5-10参照）。例えば，理事という資格の在籍者は，主対応は部長であるが（つまり「部長ができる能力」を有する者が「理事」という資格に在籍している），制度上は課長，係長に就任することもできる。従って，同一資格在籍者の中にはある者は部長，ある者は課長，係長，さらに役職に就いていない者，即ち「役職に就かない管理職」も存在する。しかし彼らの賃金は，職能資格制度の下では「職務」に対応した職務給ではなく，「職能」（職務遂行能力を意味する）に対応した職能給となっている。

　これらの点は，日本的雇用制度が，**ストック型雇用制度**（八代（充），2002，第1章）であることを象徴している。まず，役職如何にかかわらず同一資格在

籍者が同一賃金であるのは，企業がフローとしての職務配置ではなく，「ストック」された職務遂行能力に対して賃金を支払うからである。また下位役職に弾力的に設定された役職と資格との関係は，上位役職に就く能力を有する者は下位役職に就く能力を有しているが，逆は真ではないという考え方に基づいている。さらに，「昇格先行，昇進追随」は，ある役職に対する資格の在籍者という「人材ストック」の中から「フロー」としての人材配置を行うことに他ならない。

職能資格制度の問題点

こうした職能資格制度の問題としては，以下の2点が挙げられる。

第1点は職能要件である。先述したように，職能要件は従業員が達成すべき要件，大学で言えばカリキュラムである。かつて職能資格制度では，人事，経理といった職能ごとに要件が設定されていたが，現在多くの企業はこれを職能別ではなく全社一律で設定している。職能要件は，従業員の育成母体であり，同時に人事考課の母集団であるから，全社一律の要件によって，従業員の異動領域は全社に拡大し（しかも職務給ではなく職能給なので，異動で給与が下がることはない），評価結果も最終的には全社を母集団にして調整される。このことは，企業内労働市場の流動性を高めるという長所がある反面，昇格基準が曖昧になり，「職能」資格制度が充分機能しなくなるという問題をはらんでいる。実際，こうした全社一律の職能要件や役職と資格が分離したことの帰結として，上位資格への昇格が管理職ポストの制約から離れて一人歩きを始めた。その結果，管理職相当の能力を持ち，彼らと同等の処遇を受けながら，ポストに就いていない**役職に就かない管理職**が増大したのである。

第2点，これは職能給だけではなく職務給にも共通する問題であるが，こうした賃金制度は基本的に企業内労働市場の成員を対象としており，従って外部労働市場から「時価」で人材を獲得することには必ずしも適していない。そこで近年は職能資格制度を廃し，職務給や役割給といった「フロー」に傾斜した人事・賃金制度を導入する企業も増えている。この点は第9章で再び取り上げることにしよう。

コース選択制度

　次に，ヨコの人事制度について若干言及しよう。ヨコの人事制度に共通しているのは，従業員による「選択」という点が制度の根幹を成していることである。

　この制度の草分けは**勤務地限定制度**であり，主に全国展開している流通業で導入された。これまでは従業員に長期雇用や年功賃金を約束する代わりに，その配置・異動は人事権という形で会社側に集約されており，したがって，例えば転勤を拒否することは懲戒の対象になる。しかし，他方では家庭の事情等で転勤を望まない従業員が多いことも事実である。そこで，企業内に転勤を許容する代わりに昇進・昇格に（制度上）上限のない**全国転勤コース**と，昇進・昇格に天井を設ける代わりに住居の変更を伴う異動が発生しない**限定勤務地コース**の2つのコースを設定し，従業員に何れかを選択してもらうのが勤務地限定制度である。

　次に普及したのは**コース別雇用制度**である。この制度が普及したきっかけは1986年に施行された男女雇用機会均等法である。この法律によって企業はもはや男女という性別で人的資源管理上異なる取り扱いをすることは困難になった。そこで社内の職務を高度な専門性や判断を有する**総合職**と比較的定型的な**一般職**に分類し，女性自身にコースを選択してもらうというのが，コース別雇用制度である。コース選択は，採用時点はもちろん，社内で一定期間勤続をした後でも（ちょうど大学の2年編入のように）認められている。コース間には，昇進・昇格や賃金で当然差があるが，この制度のメリットは男女間格差が決して企業の責任ではなく，あくまで「女性自身が選択した結果である」と説明できる点にある。

　もっとも近年は，この制度を廃止する企業も現れている。その理由として，コース間で仕事の垣根が不明確になること，一般職の仕事が派遣に代替されることに加え，同一労働同一賃金の考え方により，コースの違いのみによって処遇格差を設けるのが難しくなりつつあることが挙げられる。また，コース別雇用制度の有無にかかわらず，転勤の有無を転勤手当の支給でメリハリをつけている企業もある。

　さらに，従来の新規学卒採用では選択する余地がなかった職種や部門の選択

権を学生に与える職種別採用を導入する企業も増えている。職種別採用には，すべての新卒採用を職種別に行うものや職種別の採用と一括採用を併用するものなど，さまざまなタイプがある（浅野・石川・弼川，2003）。また，厚生労働省大臣官房統計情報部編（2004）によれば新規大卒採用がある企業では，43.2％が職種別採用を導入している。

　しかし，新規学卒者に職種の選択権を与える結果，学生側の選択は「やりたくない仕事を消去する」ものになりがちであり，また企業側も従来負担していたリスクを必要以上に学生に転化することになりかねない。職種別採用自体に異存はないが，選択の時期は採用時点でなく，一部金融機関が実施しているように入社後一定期間の勤続を経た後にするほうが，より理にかなうものと言えるだろう。

＜注＞

(1)　ジャコービィ（2005b），pp.246〜252。

(2)　なお人事部に限らず，「部」の下部組織は通常「課」であるが，一部の企業では課制を廃止して「グループ」制を導入している。これは，要員の少数精鋭化が進行する中，業務の繁簡に応じて限られた要員を効率的に配分するためには，「課」というハードな組織よりも「グループ」というソフトな組織のほうが望ましいという判断に基づいている。

(3)　佐藤・藤村・八代（充）（2015），pp.24〜25。

(4)　ただし，これは一定規模以上の企業を念頭に置いた話である。従業員数が50人程度であれば，人事制度を介するよりも従業員の人事情報が頭に入っている社長の「独断」で人事を決定するほうが，かえって効率的であると言えるだろう。

(5)　「高齢化と人事管理に関する調査票」高年齢者雇用開発協会（1984）p.3。

(6)　厳密には，職能資格制度と呼ばれているものにも，飛び級を許容し，昇格枠を設定，資格の数を任意とする旧日経連方式と，飛び級がなく，資格数を7〜8階層程度とするのを原則とする楠田丘氏の方式の2つに分かれる。詳細は，日経連オーラルヒストリー研究会（2011）を参照されたい。

コラム ①　　　　人事部はなぜ必要か

　日本の雇用制度と言うと，終身雇用，年功賃金というのが通り相場であるが，見逃してはならないのが人事部の役割である。新規学卒採用や配属に始まり，人事異動や評価の調整，昇格枠の設定や人員計画，果ては労働組合との交渉まで，人事部を抜きにして日本の人事を語ることは不可能である。

　一体，この力の源泉はどこにあるのか。かつて「日本企業で人事部の力が強いのは，日本の軍隊が参謀本部に力が集中しているドイツの軍隊の仕組みを導入しており，それが企業に伝播したからだ」というレポートを読んだことがある。随分突飛な内容だと思ったが，この論は真実を突いている。人事部の力が強いのは軍隊，大企業，そして極めつけは公務員だが，共通項は何れも雇用保障が行き届いていることである。

　そもそも新規学卒採用は特定の職務を想定しているわけではないから，人事部がまとめて採用したほうが効率的だ。工場が閉鎖される様なことがあれば，自分では社内の移動先を探せないので，人事部に権限を集中しないと雇用は保障できない。また，ノビシロを期待されて新卒で採用された社員が，上司の甘辛で将来を左右されるのは理不尽だから，第三者である人事部が評価の調整を行うことは理にかなっている。年次内のマラソン型昇進競争は，人事部という審判団なくしてその運用は不可能だろう。

　ということは，日本的雇用制度の将来像を考える場合，人事部の役割に注目することが重要である。長期雇用や年次管理が変わらなければ，人事部の役割は変わらない。逆に日本的雇用制度が「欧米化」すれば，人事部の役割は給与計算や解雇事務などアドミや法規絡みのものに特化していくだろう。

　かつて『人事部はもういらない』という書籍が一世を風靡したことがあった。人事部解体によって日本的雇用制度を「解体」するというのがその趣旨であったが，現実は逆だろう。人事部をなくすことが日本的雇用制度の解体につながるのでなく，日本的雇用がなくなれば，人事部は自然と変質するのではないだろうか。

第 2 部

人的資源管理の諸領域

第**6**章

初期キャリア管理—募集・選考・内定・初任配属

　第6章から第8章までは，雇用管理について検討する。雇用管理とは，第2章で述べたように「採用（雇用関係の締結）から退職（雇用関係の終了）に至るヒトと仕事に関する一連の管理」である。労働市場の目的は，ヒト（労働供給）と仕事（労働需要）をマッチングさせることに他ならないが，企業内労働市場でこうしたマッチング，即ち適材適所を図ることを目的に行うのが雇用管理である。以下，雇用管理の具体的な領域を確認しよう。

① 募集・採用：企業内の労働需要を満たすため，外部労働市場から労働力を調達すること。

② 異動・昇進：上記労働需要を満たすため，企業内労働市場から労働力を調達すること。

③ 出向・転籍：上記労働需要を満たすため，準企業内労働市場から労働力を調達すること。

④ 退　　職：従業員の雇用契約を終了し，彼らを外部労働市場に放出すること。

　この章では，雇用管理の中で特に**初期キャリア管理**[1]について検討する。初期キャリア管理とは，募集・内定・採用，配属といった入社前後の管理を意味しており，新規学卒者の一括採用が確立した日本企業では特に重要である。なぜなら，新規学卒者は職業経験を有さないので企業が一人前の労働力として育成しなければならないし，職業経験がない分既卒者に比べて適性を見極めて配属する必要性が高いからである。新規学卒採用が定着している日本の企業では，学生は「仕事」や「職種」ではなく，「会社」を選択する。「就職」とは，正確には「就社」であり，こうした「就社社会」（菅山，2011）こそが日本的雇用制

度の本質に他ならないのである。

　また，労働条件の決定においても，従業員と企業による個別決定方式である欧米とは異なり，日本企業では，新規学卒採用が定着していることを反映してか，**就業規則**が包括的に適用されるという点に特徴がある。

　では，こうした初期キャリア管理は如何なる領域に分かれるだろうか。

　まず第1の領域は募集・選考，即ち採用計画を作成し，外部労働市場で求人活動を行い，応募者を振るいに掛けて誰を採用するかを決定するプロセスである。

　第2の領域は内定と言われる期間である。既卒者の場合，「選考の終了（即ち採用予定者の決定）＝採用」を意味している。他方新規学卒採用の場合募集・選考は在学中に行われるものの，採用時期は卒業後の4月であるため，「選考終了＝採用」ではない。この期間が内定である。

　第3の領域は，採用後最初の職務配置，即ち初任配属である。一般に，新規学卒者はあらかじめ職業経験がないので，即戦力として期待はされていない。しかし，初任配属におけるヒトと仕事のマッチングは企業内キャリアのスタートとして重要であろう。

　最後に第4点として挙げられるのは，新入社員の入社3年間程度—狭義の初期キャリアである。この時期は，新規学卒社員を組織に適合させるため，さまざまな試みが為されている。

　しかし企業側のさまざまな試みにもかかわらず，組織に適合できない新入社員が退職していくのはやむを得ないことであり，この期間は以前から「3日，3月，3年」と言われるように離職率の高い年代層でもある。こうした場合，企業は同一年代の中途採用によって離職の穴を埋めるのが通例である。これを第2新卒と言う。

　以上明らかなように，初期キャリア管理は募集・採用から入社後3年間という広範な期間に及んでおり，しかも人事部門の担当も採用課と人事課に分かれている場合が多いという点で，同じく期間が広範である昇進・昇格とは異なっている。しかも，近年の就職戦線の前倒しによって，この期間はますます拡大しているのである。

1　募集・選考管理

採用方針

　この節では，募集・選考管理について検討したい。

　最初に言葉の定義を確認しよう。**募集**とは企業が外部労働市場で求人活動を行うことである[2]。「外部労働市場」としたのは，企業の求人活動は外部労働市場に留まらないからである。実際，最近は企業内労働市場の求人活動も増大している。これが第7章で詳しく述べる社内公募である。他方，従業員側が企業内労働市場で求職活動を行うことを，社内ドラフト，あるいは社内FA（フリー・エージェント）と言う。

　以下では，募集・採用管理のプロセス，採用方針の確立→採用計画の策定→募集→選考，という流れについて説明しよう。

　募集・採用にあたっては，まず**採用方針**を確立することが必要である。これには2つの側面がある。

　第1は，正社員・非正社員比率である。一般に正社員と非正社員との間には労働条件の格差が存在する。この点は賃金面についてはもちろん，労働費用の2割を占める福利厚生が適用される，されないが重要である。つまり，正社員のみに適用される福利厚生が多い結果，正社員比率が高い企業は，それが低い企業に比べてより多くの人件費を支払わなければならないのである。

　また，会計的な観点からすれば，企業にとって雇用期間が有期である非正社員の雇用が**変動費**であるのに対して，一旦雇用すれば後の調整が難しい正規従業員を雇用することは，**固定費**に他ならない。第3章で述べた「雇用ポートフォリオ」において，企業が「長期蓄積能力活用型グループ」と並行して「雇用柔軟型グループ」を活用するのは，こうしたコンテキストにおいて，より良く理解できるだろう。即ち，長期雇用や年功賃金，さらには判例法理によって保護された「長期蓄積能力活用型」正社員の存在は，必ずその周辺に「雇用柔軟型」のパートタイマーや派遣社員の存在を必要としており，このことが更なる正規・非正規格差の温床となるのである。

　しかし，正社員を雇用することは，単にコストだけでは考えられない。確か

に正社員の雇用は「保護」されており，「固定費」ではあることは否めない。しかし正社員がこうした恩恵の結果，忠誠心を発揮して「企業特殊的優位」の担い手となれば，彼らの存在は同時に「資産」でもある。非正社員化を促進すれば，確かに人件費を変動費化できるが，同時に技能の空洞化をもたらす危険性が多分に存在するのである。

　第2の側面は，正社員に占める新規学卒社員・中途社員比率である。

　まず，企業が職業経験のない**新規学卒者**を採用する理由について一言したい。第1点は，労働市場の特性に由来する。企業内労働市場化が進展した現代企業では，職業能力は基本的に企業内の OJT や Off-JT によって形成される。しかもこうした職業能力は企業特殊的性格を有している。企業が OJT や Off-JT によって人的投資を行うとすれば，新規学卒者は他社で仕事経験がない代わりに，人的投資の回収期間が長く，**可塑性**[3]を持ち合わせていると言えるだろう。もっとも以上は一般論であり，個々の新規学卒者にどの程度可塑性があるかは，事前にはわからない。企業がこの点にどのように対応しているかは，後で詳しく検討しよう。

　もっとも人的投資の回収期間や可塑性という点に基づいて募集採用を行うのであれば，若年層を採用することは理にかなうものの，それが新卒者でなければならない必然性は存在しない。なぜ，「若年層＝新卒者」なのだろうか。

　この点，企業が新卒採用以外の形で一定数の労働力を確保するためには，中途採用労働市場が整備されていなければならない。確かに「第二新卒」と呼ばれる入社後3年以内に退職する若手社員の労働市場は整備されつつある。しかし，定年到達者やその他退職者を充当する人数を外部労働市場から調達するのは少なくとも現状では難しい。これが新規学卒採用を企業が選好する第2の理由である。こうして見ると，企業の新規学卒採用に対する依存度は外部労働市場の利用可能性と密接に関係していることが明らかである。

　企業が新規学卒採用を行う理由は以上の通りとして，問題は時期である。「新規学卒」という定義からも明らかなように，その供給はほぼ4月に限られるので，予想を超えた業務量の拡大や離職には対応することができない。その場合は外部労働市場から（厳密に言うと「新卒採用」も外部労働市場からの採用である）中途採用をせざるを得ない。もちろん，中途採用にはこうした頭数の補

充という意味以外に，企業内労働市場では育成できない，あるいは育成に極めて大きなコストを要する労働力の調達という意味合いもあるのである。

採用計画

採用方針に続いて行われるのは，具体的な**採用計画**の策定である。採用は企業内の労働需要の発生に対応して行われるから，採用活動の前提としてまず具体的労働需要を確定し，それをどのような形で充当するかを決定しなければならない。これが採用計画である。

こうした労働需要を規定するのはまず退職者数であり，第8章で述べる定年制によって，企業はあらかじめ期中の退職者を予想することができる（もちろん，自己都合の退職者まで予想するのは困難であるが）。また，事業規模の拡大に応じて「これだけの事業規模にこれだけの人員」という管理会計的観点も当然必要になる。また，採用人員の確定や部門への配分においては各部門の要望を斟酌することも当然あるが。ただし部門の要望を積み上げると必ず過剰になるので，経営による決定との兼ね合いが重要であろう。

募　集

先にも述べたように，募集とは企業が外部労働市場で求人活動を行うことである。一般に，募集活動は何らかの媒体（チャネル）を通じて行われる。また，募集媒体によって費用は異なる。したがって，企業は雇用のポートフォリオのどの銘柄の労働力を調達するかによって募集媒体を使い分けている。新規学卒採用が定着しているとは言っても，それは労働市場全体の入職の中ではごく一部であり，求人，求職を仲介するさまざまな機関が存在する。

まず，公共機関として**公共職業安定所**がある。近年はキャッチ・コピーを採用して**ハローワーク**とも呼ばれている。ハローワークの最大の長所は，費用がかからないこと（ちなみに求職者の場合は，如何なる媒体を用いても無料である）である。もっとも，地方ではハローワークが果たしている役割は重要であるものの，都市部においては競合するさまざまな機関が存在することも事実である。なお，ハローワークの関係機関であり管理的・専門的職業を対象に職業紹介を行うのが，**人材銀行**である。

　次は**民営職業紹介機関**である。日本人材紹介事業協会のウェブサイトによれば，民営の職業紹介は，**登録型**，**サーチ型**，**再就職支援型**，という３つに分かれる。登録型は，転職希望者＝登録者という母集団と求人企業とをマッチングさせるもの，サーチ型はこうした母集団を持たずにピンポイントで人材を獲得するもので，一般に**ヘッド・ハンティング**（業界では**エグゼクティブ・サーチ**）と呼ばれている。再就職支援型については，第８章で言及することにしたい。

　第３に挙げられるのは，**求人メディア**である。具体的には，新聞・雑誌等に掲載される**求人広告**や**求人情報誌**があるが，最近成長が著しいのは，インターネット上の就職・転職サイトである。特に新規学卒者の就職活動はこうしたサイトを抜きにしては考えられない。こうした就職・転職サイトは，リアルタイムの情報収集が可能であり，同時に複数企業の条件をインターネット上で比較できるというメリットがあるが，他方個人情報が漏洩する危険性があるという点が問題である。

　最後に，**学校**も求人媒体としては重要である。ただし高卒までの求人はハローワークを通さなければならない。求人が公的機関の保護対象からはずれて**一般求人**となるのは，高校卒業後半年を経過してからである。

選　考

　次に**選考**とは，応募者（募集に応じた者）の中から，事前に決められた**採用基準**に合致する者を採用することである[4]。正社員の場合，採用後の企業内教育・訓練によって職務上の必要要件を満たしうる訓練可能性（可塑性）が採用基準として重要である。

　やや古いが，日本労働研究機構（1993b）で大卒社員（事務系）の選考方法を見ると，「面接の評価」（94.7％），「適性検査・性格検査の結果」（46.1％），「学業成績」（31.2％），「ペーパーテストの結果」（23.0％），「リクルーターの意見」（17.8％），などとなっている。

リクルーター制度，インターンシップ

　ここで**リクルーター**制度について一言したい。この制度はもともと1996年まで存続していた**就職協定**[5]の下で企業が他社に先駆けて学生と接触し，いわゆ

る**青田買い**を行うために導入されたと言われている。典型的なリクルーターは，入社2～3年目の社員であり，母校の学生と「社外」で接触し，インフォーマルな面接の結果を人事部門に報告，結果が採用の可否に影響するというもので，通常の選考が募集に応じた求職者の中から行われるのとは異なっている。企業がリクルーターを含めて「社外」で新卒者の選考を行うことを**キャンパス・リクルーティング**と言う（夏目，2006）。即ちキャンパス・リクルーティングとは企業の PR 活動であり，リクルーターは「伝道師」に他ならないのである。

　もっとも就職協定というウォールを越えて学生接触することがリクルーター制度の目的であれば，就職協定の廃止後は制度の必要性は減少するはずである。しかし実態は逆で，統計こそ存在しないが，ますます多くの企業がリクルーター制度を導入している。このことは，就職協定とは関係なくリクルーター制度の導入に合理性があることを示している。

　この点を説明する第1の仮説は，企業の**学歴主義**である。一般に，リクルーターは自分の出身大学の学生と面談することが少なくない。即ち，企業は特定大学の学生を優先的に採用するためにリクルーターを遣わしているのである。

　もちろん特定大学の学生を優先的に採用するのならば，リクルーターを遣わさなくても **OB 訪問**に訪れた学生の中から特定大学の応募者を対象に選考を行うというやり方もある。しかし，「学歴重視」という点では共通しているリクルーターと OB 訪問の本質的な違いは，前者が「手を挙げた」（OB 訪問をした）学生が選考の母集団になるのに対して，後者は，その存在自体がインフォーマルであるために，企業が選考対象とする学生を企業の裁量で選択し，かつ「抱え込める」という点にあると言えるだろう。

　こうした学歴主義は，企業が市場経済の下で利潤の極大化を志向している以上，単なる「ブランド志向」や「モノカルチャー主義」では片付けられない。採用時点で学歴を重視するという企業の行動は，企業が可塑性，**訓練可能性**（trainability）の代理指標として学歴（正確には，**学校歴**）を活用しているという第2の仮説によって説明できるだろう[6]。

　もっともこうした仮説によって，「企業は一人一人の応募者の訓練可能性を確認せずに，なぜ学歴をその代理指標とするのだろうか」という新たな疑問が生じてしまう。そこで，第3の仮説が必要になる。それは**情報の非対称性**である。

情報の非対称性とは自分と他人との間で自分に関して有している情報量が異なることを言う。こうした場合，企業が採用時点の限られた期間で個々の応募者の可塑性，訓練可能性を充分見極めるのは，不可能に近い。したがって，どこの大学を卒業したかという学校歴をその代理指標として活用するのが合理的行動となるのである。ここから，リクルーターや学歴主義（正確には「学校歴主義」）は，日本的雇用制度から生じる根の深い問題であることが明らかであろう。

　最近は，**インターンシップ**を選考方法に加える企業も増大している。インターンシップとは，広義には学生に就業体験を与えることであるが，ここで言うインターンシップとは，一定期間実施したインターン結果を採用の可否に直結させる**採用直結型インターンシップ**である。リクルーター制度の利点の1つに，情報の非対称性を回避できるという点があることを述べたが，採用直結型インターンは正にこうした機能を有していると言えるだろう。

職種別採用・部門別採用

　第3章でも述べたが，新規学卒採用に関して，一括採用でなく職種や部門を選択させる**職種別採用**や**部門別採用**を導入する企業も増えている。こうした制度の背景にあるのは，「仕事を選択できるほうがモチベーション向上につながる」，「大学の専攻と企業内の職種と連動することが，職種別労働市場の形成には望ましい」という考え方で，果ては「若者に受け入れやすい人事制度でなければ，良い人材を採用できない」という**人事マーケティング**的な思考すら見え隠れしている。

　しかし，個人が「選択」できることはモチベーションの向上につながるとして，選択には裏返しで常にリスクが存在する。果たして，仕事経験のない新規学卒者が正しい選択をすることは可能だろうか。現実は，企業が職種別採用，部門別採用の名の下に，従業員にリスクを転嫁しているに過ぎないのではないか。そもそも，個別企業が職種別労働市場の形成に協力するインセンティブは乏しいと言わざるを得ないだろう。

　その結果，こうした職種別採用は「営業がやりたくないから経理を志望する」，「何となく華やかそうだから企画を志望する」といった発想の温床になりかねない。また，個人が複数の部門や職種に応募することはできないので，従来型の

一括採用であれば企業が採用を決定した上で適性を勘案して配属を行っていたのに対し,職種別採用や部門別採用では,応募した部門や職種の中の競争によって採用の可否が決定されることも問題である。

結論として,従業員に仕事やキャリアを選択させること自体は多くの利点が存在するが,新規学卒採用の段階で導入することには慎重であるべきだろう。

ただし四年制大卒社員比率が趨勢的に増大する中,彼らはもはや**幹部候補生**というよりは**実務の第一線の担い手**になっている（小池編,1991,第1章)。幹部候補生ならば,彼らの将来は約束されているから,個人の意向を斟酌する必要はない。しかし,実務の担い手にとって入社時点の配属がその後のキャリアに与える影響は大きく,したがって,個人の意向を反映させること自体は重要であると言えるだろう。

実際,日本労働研究機構（1993b)で選考段階における企業と応募者との話合いについて見ると,「特に話合いは行っていない」としたのは25.4％,残り約4分の3の企業は話合いを行っている。「入社後に配属する仕事の内容について話合いを行っている」(55.2％),が最も多く,次いで「入社後に配属する部門について話合いを行っている」(41.6％),「入社後のキャリア形成について話合いを行っている」(20.1％)となっている。

募集・採用を巡る権限の所在

ところで,企業が必要とする労働力タイプによって採用の時期,雇用形態,採用権限は異なっている。例えば新規学卒採用を本社一括で行う場合は本社人事部門,職種別や部門別に行う場合は部門・職種＋人事部門,中途採用は部門＋人事部門,といった具合である。他方非正規従業員の場合は,各事業所が担当している。この点雇用情報センター（1998)から中途採用に関する人事部門と部門長の権限の配分を見ると,「募集者数の決定」,「採用者に必要とされる技能・資格等の決定」,「採用者の配属先の決定」は部門長マターとしている企業が多い項目である。半面「募集媒体の決定」,「選考方法の決定」,「選考担当者の決定」,「採用者の決定」,「採用者の労働条件の決定」は人事部門に委ねる企業が多くなっている（図表6-1参照)。

図表6-1　中途採用に関する権限の所在

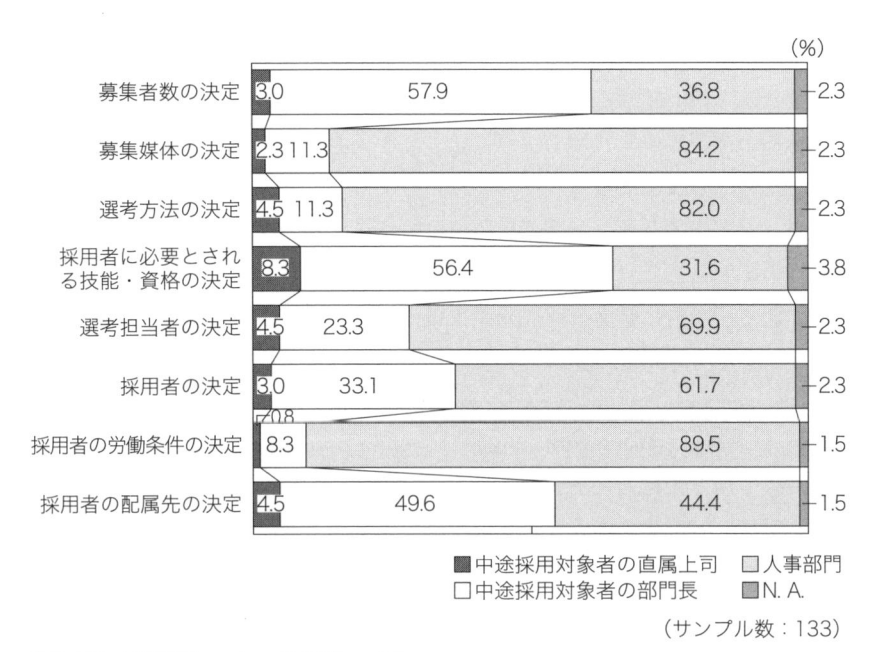

(%)

	中途採用対象者の直属上司	中途採用対象者の部門長	人事部門	N. A.
募集者数の決定	3.0	57.9	36.8	2.3
募集媒体の決定	2.3	11.3	84.2	2.3
選考方法の決定	4.5	11.3	82.0	2.3
採用者に必要とされる技能・資格の決定	8.3	56.4	31.6	3.8
選考担当者の決定	4.5	23.3	69.9	2.3
採用者の決定	3.0	33.1	61.7	2.3
採用者の労働条件の決定	0.8	8.3	89.5	1.5
採用者の配属先の決定	4.5	49.6	44.4	1.5

■中途採用対象者の直属上司　　□人事部門
□中途採用対象者の部門長　　　■N. A.

(サンプル数：133)

資料出所：雇用情報センター (1998)，p.28。

2　選考後の初期キャリア管理─内定・初任配属〜入社後3年間

内定，内々定

　これまで述べたのは，募集，選考という初期キャリアの前半戦であった。以下，内定，初任配属〜入社後3年間という初期キャリア管理の後半戦を検討したい。

　先に，新規学卒者の場合選考の終了から採用まで「内定」という時期があると述べたが，厳密に言うと法的な拘束が生じるのが**内定**，採用予定者の決定から「内定」までの期間を**内々定**と言う。「内定」と「内々定」の乖離が生じるのは，企業が法的拘束の生じる「内定」期間をなるべく短くしたいからであろう[7]。

　企業としては，就職市場が売り手市場の際は，他社との対抗上内々定を早く

出さざるを得ない。他方内定の時期がそれほど変わらなければ，必然的に内々定の時期が長期化する。したがって，この間学生との関係を維持することは，企業にとって重要な課題である。事実，就職市場が売り手市場に転じた2000年代の半ばは「内々定辞退」が増大した。内々定から内定までの時期の長期化が学生に他の選択肢を与えてしまったこと，1人当たりの内々定獲得数が増大したことなど，さまざまな理由が考えられるだろう。

　しかし実際のところ，大企業は歩留まりを見込んで採用をしているので内々定辞退の影響はそれほど深刻ではない。問題は，こうした採用ができない中小企業である。さらに言えば，売り手市場の局面では，採用予定人数を拡大した大企業と中小企業が採用戦線で競合関係に置かれる結果，中小企業で内々定辞退が生じるという点に問題の本質があるのである。

　この点，日本労働研究機構（2000）の1997年，1998年調査によれば，大卒社員の内定・内々定辞退への対策は，企業規模による差が大きくなっており，大規模企業ほど「内定や内々定を多めに出す」，「内定を段階的に出した」，「内定後のフォローを強化する」が多く，逆に「追加の募集を行った」は小規模企業ほど多くなっている。また，同じ調査で企業が内定を出した時期を見ると，内定開始時期は企業によって階層化しており，大企業ほど早い時期に一斉に出し

図表6-2　企業規模別に見た内定開始時期（1997年，事務系総合職）

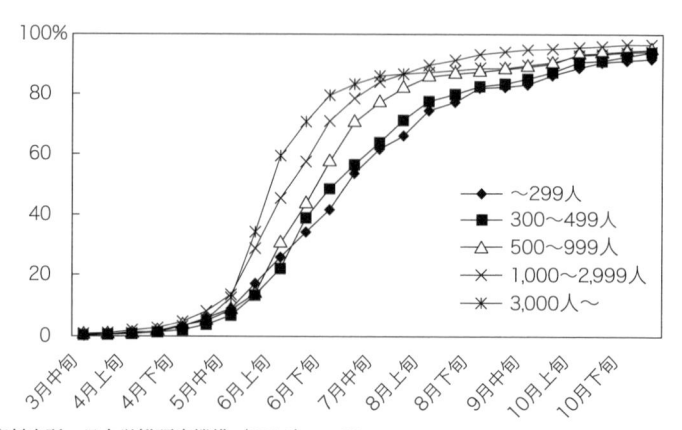

資料出所：日本労働研究機構（2000），p.62。

始めるのに対して，規模の小さい企業では開始時期は遅くなり，時期も分散しているのである（図表6-2参照）。

初任配属

さて，企業が従業員を雇用するのは，最大利潤の獲得という企業目的に対して何らかの役割を担わせたいからである。こうした役割の最小単位が職務であり，新入社員が職務に配分されることを**配属**，特に新規学卒者の入社直後の配属を**初任配属**と言う。

一般に，配置・異動管理の分業関係に関しては，採用直後の配置である（初任）配属については，採用時点の情報を有している人事部門がライン部門と協議をしながら配属を行う。その後，育成期間である非管理職の間は，基本的にはライン部門の意向が重視される。しかし，管理職（層）になると，「部門の人材」というよりは「会社の人材」という側面が強くなり，再び人事部門が関与するようになる。

それでは，大卒社員の初任配属は，どのような要因によって決められるのだろうか。日本労働研究機構（2000）によれば，事務系，技術系共に「新入社員の希望」，「新入社員の適性」，「配属人数の要望」が多くなっている。「新入社員の希望」が多いことは，先述した四年制大卒社員比率の増大によって，彼らがもはや幹部候補生ではないことの裏返しであろう。

初任配属後のキャリア形成

次に，初任配属後のキャリア形成について検討したい。この点，日本労働研究機構（2000）を見ると，大卒社員の初任配属後最初の異動の時期は事務系で3.7年目，技術系で4.8年目，異動の形態は事務系の場合「仕事の変更のある部門間異動」が33.3％で最も多いが，技術系で一番多いのは「仕事の変更のない部門内異動」（27.0％）である。また入社後10年間のキャリア形成に関する基本方針を見ると，「できるだけ多くの部門を経験させる」は事務系は23.6％あるが，技術系は7.9％に過ぎず，「初任配属を基本にして，必要に応じて他の部門を経験させる」は事務系（28.3％），技術系（31.3％），共に3割前後で最も多くなっている。

　ところで，そもそも論になるが，企業が初任配属を見直し，配置転換を行う必要性はどこにあるのだろうか。初任配属が新規学卒者の適性や希望によって決められていれば（これを**適正（適性）配置**と言う），それをあえて配置転換によってリセットする必要はないはずである。

　しかし第7章でも述べるが，適正配置の考え方は，あくまでも所与の条件を前提にしている。従って「仕事の内容が変わった」，「従業員の能力が向上した」，といった所与の条件に変化があれば，それに合わせて配置転換を行うことは，ヒトと仕事のマッチングを達成するために不可欠であろう。あるいは，従業員の能力が短期的には変わらなくても，将来の人と仕事のマッチングのためキャリアの幅を広げていく，これが企業と従業員との長期的な関係を前提にした企業特殊的訓練に他ならないのである。

　問題は，こうした初任配属後のキャリア形成が今後どうなるかである。近年，企業では一層の少数精鋭化が進展し，人材育成に時間やお金を充分に掛ける余裕がなくなっている。また企業環境の不確実性の増大によって，従業員の企業との信頼関係はかつてに比べれば薄れている。

　その結果企業は「企業特殊的訓練を自らの負担でなく，従業員の費用負担で行いたい」，他方従業員は「企業特殊的訓練を受ける誘因はなく，市場性のある技能にしか関心がない」というすれ違いが生じるのが最も望ましくない。人材育成インセンティブの減少は他企業からの安易な人材の奪い合いにつながり，ますます人材育成インセンティブが減少するという悪循環に陥る。そして最後は引き抜く人材さえいなくなってしまうだろう。

入社3年以内の早期離職

　1990年代以降，大卒社員の初期キャリア管理において，早期離職が重要な問題になっている。いわゆる「7・5・3」現象と言われるもので，新規学卒者の入社3年以内の離職率は中卒7割，高卒5割，大卒3割，この数字はほぼ横這いで推移している。2006年には『若者はなぜ3年で辞めるのか？』（城，2006）が出版され，ベストセラーとなった。新規学卒者の離職に伴って，企業は同世代の者を採用することによって穴を埋めようとする。こうした社員は，新卒社員に準じると言う意味で，**第二新卒**と呼ばれている。

　ここで，こうした早期離職について2つの側面から検討しよう。まず第1の側面，早期離職の原因が一体どこにあるのかを探りたい（松原，2006）。まず，この点について頻繁に言及されるのは，転職を肯定する若者の転職意識に関する変化という点である。しかし，実のところこの仮説は必ずしも正しくない。日本生産性本部『新入社員意識調査』（各年）によれば，「今の会社に一生勤めようと思っている」という回答の比率は，2000年の20.5％から2012年の60.8％に増大しているからである。

　次は，企業の新規学卒者の管理に問題があるという仮説である。例えばある企業では，新規学卒者の採用を行う組織と彼らを配属する組織が別々であったため，一度早期離職が発生すると，お互いに責任を転嫁し合うのが常だった。その企業は，こうした問題を解決するため，同一組織が新規学卒者の採用と配属を一貫して行うという組織替えを実施した。この組織替えは，言わば採用担当者に「瑕疵担保」を課すものと言えるだろう。

　今一つ重要なのは，少数精鋭化が進んだ結果新規学卒者の配属と職場の生産性に関して次の問題が生じることである。今，現有人員が5名の職場に新規学卒者が1名配属されたとしよう。その結果，「現有人員5名＋新人1名＝計6名」となり，本来はゆとりが生じるはずだが，実際はそうはならない。なぜか？新人はもともと戦力にはならない，現有人員5名のうち1名は新人の教育に掛かりきりになって，これも戦力にはならない。即ち新人が配属されると，職場の実効人員数は「5＋1＝6名」ではなく，「5－1＝4名」となってしまう。その結果少なからずの職場が新人の配属を拒否し，一度新人が配属されると，彼（彼女）は徹底的に無視されるか，逆に徹底的に酷使されるか，どちらか極端にならざるを得ない。こうした職場の人材育成能力の低下も，早期離職の要因として無視することはできない。

　さらに第3の仮説は，**世代効果**とでも呼び得るものである。一般に，不況期に就職した者は好況期に就職した者に比べて，より多くが「不本意」な結果に終わっており，したがって彼らが景気回復時点で，より良い職を求めて転職することは想像に難くないだろう[8]。

　こうした早期離職に対して，企業はさまざまな対策を講じている。賃金，労働時間といった労働条件の王道から，**キャリアカウンセリング**，職場で相談に

応じる**メンター制度**まで，早期離職対策も多岐にわたっている。

　第2に，そもそも論になるが，早期離職は果たして悪いことなのだろうか。確かに人的資源管理上の問題は離職に反映されるから，早期離職対策が重要であるのは論をまたない。新入社員の安易な転職によって企業の人材育成インセンティブが損なわれてしまうことは，絶対に避けなければならないだろう。

　しかし新規学卒採用を前提にすれば，リクルーター制度や採用直結インターンシップを導入しても，採用担当者に「瑕疵担保条項」を適用しても，採用時点の情報の非対称性によってミスマッチが生じることはある意味やむを得ない。早期離職をゼロにするのは不可能であり，望ましくもない。今後の課題は，健全な「外部労働市場」をどのように育成するか（これは第2新卒に限ったことではないが）にあると言えるだろう。

＜注＞

(1)　「初期キャリア管理」という概念については，例えば日本労働研究機構（1992），
　　同（1993b）を参照されたい。
(2)　佐野（1989），p.79。
(3)　白井（1992），p.119。
(4)　佐野（1989），p.81。
(5)　就職協定においては「8月20日会社訪問解禁，11月1日内定解禁」という形で，
　　企業が学生と公式に接触して良い日時が決められていた。それが廃止されたのは，
　　協定を守らない企業が後を絶たなかったからである。
　　　当初この点については，「就職協定によって採用選考が限られた期間に行われる
　　ことが，企業と従業員のミスマッチを増大させる。企業は協定廃止によって選考に
　　充分時間をかけられるようになるだろう」という肯定的な評価が多かった。
　　　この点，日本労働研究機構（2000）によれば，「最初に内定を出した時期」，「最初
　　に内定を出してから最後に内定を出すまでの期間」から判断すると，企業の採用活
　　動は「早期化，長期化」していると言う。「早期化」は就職協定廃止によって人材獲
　　得競争が激化したことの表われであるが，では「長期化」は一人一人の学生に費や
　　す時間が長くなったことを示しているのだろうか。そもそも「早期化」は企業が人
　　材を「抱え込む」ためであるから，一人一人の選考を「長期化」させるインセンティ
　　ブは乏しい。むしろ早すぎる内定，内々定の反動として生じる内定・内々定の辞退
　　への対応として，追加の内定・内々定を出していることが「長期化」の真相ではな
　　いだろうか。
　　　2019年現在，日本経団連の「採用選考に関する指針」によって，採用選考の開始

は，広報は3月1日以降，選考は6月1日以降となっている。

(6)　この点については，八代（尚）（1980），第1章において詳しく検討されている。

(7)　この点，景気情勢の悪化した2008年後半には，内定取り消しが急増し，その数は769人に達した（『日本経済新聞』2008年12月26日（夕））。そのため，ハローワークによる支援や内定を取り消された者を雇用した企業に助成金を支給する等の対策が採られた。

(8)　黒澤・玄田（2001）を参照のこと。本文で述べた同一企業に勤め続けたいと考える者の比率が2000年で低く2006年で高いのは，こうした仮説で説明できるだろう。

第7章

異動・昇進管理

　第6章では，募集・採用，初任配属といった初期キャリア管理を取り上げた。本章では，引き続き雇用管理の重要な側面である異動・昇進について検討したい。

　繰り返し述べたように，労働市場ではヒトと仕事のマッチングが行われる。マッチングの方法は，①異動・昇進（企業内労働市場によるマッチング），②出向・転籍（準企業内労働市場によるマッチング），③転職（採用）（外部労働市場によるマッチング），の3つである。異動・昇進とは，労働需要（つまり空席）を企業内で充足することに他ならないのである。

　こうした異動・昇進管理は，一般的に「人事異動」と呼ばれる事柄だが，人的資源管理上次の4つの役割を果たしている。まず第1に，企業内労働市場において「適材適所」を図るという重要な役割があり，この点を誤れば「利潤極大化」という企業目的の達成に重大な支障となりかねない。第2に，従業員の仕事を換えることは，企業が彼らを如何に評価しており，どの程度期待しているかというメッセージを送ることになる。第3に，上位役職に昇進したい，自分の希望する仕事に異動したいと考えている者に比べ現実に存在する昇進機会，異動機会は必ず稀少であり，これが第1章で述べた「個人目的と企業目的の調整」を必要とする所以である。最後に第4点，異動・昇進管理は上記目的のみならず，従業員の貢献に対する報酬という動機づけの側面があることも事実である。

　さて，異動・昇進管理は，その言葉から明らかなように2つの側面に分けられる。1つは，現在と同じレベルの仕事への異動である。こうした異動を**配置転換**と呼ぶことにしたい。今一つは**昇進**，即ち現在よりもレベルの高い仕事へ

の異動である。

　それでは，「現在と同じレベルの仕事への異動」，「現在よりもレベルの高い仕事への異動」を決めるのは一体何だろうか。それは，第5章で述べた人事制度，具体的には等級制度である。こうした等級が仕事をベースにしたジョブ・グレードの場合は，グレードの違いは仕事価値の違いを意味するから，配置転換とは同一グレード内の仕事の変更を，昇進とは上位グレードに異動することを，それぞれ意味している。

　他方，職能資格制度の場合，役職（仕事）と資格（等級）とは1対1ではなく，緩やかな対応関係に留まるのが一般的である。したがって，上位の資格に「昇格」することと上位役職に「昇進」することも切り離されており，ジョブ・グレードにおける「昇格＝昇進」という関係はここでは見られない。ただ，それぞれの資格には主な対応関係を有する役職が存在するので，（第5章の図表5-10参照）「上位の役職＝上位の資格に主に対応する役職」と考えることができるだろう。例えば，「主事」という資格と「係長」，「プロジェクト・リーダー」という役職が対応していれば，係長からプロジェクト・リーダーへの異動は，昇進ではなく配置転換である。他方，「主事」という資格と「係長」が，また主事よりも上位の「参事」という資格と「課長」が主な対応関係にあれば，係長から課長への異動は昇進となる。

　この章の構成は，以下の通りである。第1節ではヨコの異動，即ち配置転換について，企業主導型異動と個人選択型異動に類型化する。ついで配置転換が行われる理由を検討し，配置転換にどのような主体が関与しているか，といった点を検討する。最後に，異動管理の今後の課題として個人選択型異動について取り上げることにしたい。

　第2節は，タテの異動つまり昇進についてである。ここでは，昇進管理が人的資源管理においてどのような役割を果たしているかを見た後，昇進管理を「役職昇進」と「資格昇格」に分け，役職昇進の機能，「役職」昇進選抜が「いつ」行われるか，「役職」昇進選抜には「誰が」関与しているかを取り扱う。

1 配置転換

なぜ配置転換を行うのか？

まず，そもそも論であるが，なぜ企業は配置転換を行うのだろうか。

第6章で述べたように，企業に採用された従業員は職務に配分される。これが配属であり，新入社員を配属することを特に初任配属と言う。本来配属が適正に行われていれば（これを適性配置（適正配置とも言う）），ヒトと仕事の関係を定期的に見直す必要性はないはずである。しかし入社時点の配属はあくまでその時点の「所与の条件」を前提に行われるので，こうした条件が変われば，配置そのものを見直さざるを得ない。企業が配置転換を行う理由は，正にこの点にあると言えるだろう[1]。

では配置の見直しが必要となる「所与の条件」の変化とは何か。白井（1992）は，配置転換を次の4つに分類している。

第1は，業務上の必要性に基づく配置転換である。これは，業務の拡大や縮小，組織の改廃，過剰人員の発生などに従業員を適合させるために行われる。

第2は，雇用調整策としての配置転換である。雇用調整とは，労働需要の変動に伴って労働投入量を調整することであり，①人員タームの調整（従業員の頭数の調整），②マン・アワータームの調整（人員×労働時間の調整）という2つの側面に分けられる（篠塚, 1989）。雇用調整策としての配置転換は，人員タームの雇用調整をいわゆる「リストラ」ではなく，企業内の人員過剰部門から比較的人員を受け入れる余地がある部門に企業内労働移動によって行うことである。配置転換が雇用調整の手段となるのは，日本では第3章で述べた様に雇用調整を整理解雇によって行うことが困難だからである。

上記の2つは，組織の改廃や労働需要の変動といった労働需要側の変化に労働供給側を適合させるために行われる配置転換と言えるだろう。

配置転換の第3のタイプは，教育的配転である。これは，教育による労働能力の向上という労働供給側の変化に労働需要側を適合させるために行われる。配置転換が教育的側面を有する理由は，企業内労働市場では，正規従業員のキャリアは「長期的」な視点を帯びており，外部労働市場で育成される人材に比べ

てキャリアの幅が関連する仕事に広がるように形成されるからである。例えば1つの仕事に5年も配属されていると，習熟曲線が停滞してしまう。その前に他の関連する仕事に配置転換を行うことは，従業員の生産性を「短期」的には低下させても「長期」的には人的ネットワークや視野の拡大を通じて生産性を向上させるだろう[2]。

　しかし，こうした訓練は，あくまでも「企業特殊的能力」を育成するためのものである。企業内でさまざまな部門や職能を「遍歴」しても市場価値を高めることとは無縁であるから，従業員には自分で費用を負担してこうした訓練を受ける誘因は乏しい。従業員にキャリアの決定を委ねると，専門化（タコツボ化）していくのは，このためである。

　しかし，それでは企業独自の優位性の担い手となる人材を育てるのは難しい。そもそも専門的人材は外部労働市場で調達できるから，企業が手間隙掛けて育てる必要性は薄い。したがって，企業は人事権によって配置転換を行う反面，生産性よりも高い賃金を支払うことでその償いをしている。第3章でも述べたが，これが年功賃金の経済学的説明である。

　最後に第4は，降格人事や懲戒に基づく配置転換である。

異動管理の2つの類型[3]

　次に，ここでは配置転換を次の2つに類型化したい。第1のタイプは**企業主導型異動**，第2は**個人選択型異動**である（社会経済生産性本部経営アカデミー，2001）。

　前者の「企業主導型異動」は，通常は**定期異動**という形で行われている。定期異動は，通常新卒社員が入社する4月や株主総会後の7月，さらに半期の決算が終了する10月に行われる。定期異動という慣行が定着したのは，人事異動という業務に第5章で説明した規模の経済性が存在するからである。データはやや古いが従業員1,000人以上規模企業を対象にした日本労働研究機構（1993a）によれば，66.6％が定期的な配置転換を事務系のホワイトカラーに対して「行っている」と答えている。企業主導型異動が「定期異動」という形で行われるのは，それが「規模の経済性」にかなうからである。

　企業主導型異動については，第5章で述べた人事部門の役割が重要である。

人事部門の役割は，配置転換が企業内労働市場のマッチングの手段であることから説明できる。労働需給のマッチングが行われるためには，需要側と供給側の橋渡しをする機関が必要である。外部労働市場においては職業紹介機関や各種の求人メディアが，また企業内労働市場では人事部門が，こうした役割を果たしている。一般に人事部門の役割としては，管理職に対する人事情報や専門性の提供，人事情報の検索といった点が挙げられるが，日本の企業では，これらの点に加えて人事部門が個別人事に関与していることが重要である。

　したがって，労働市場では労働需給のマッチングが図られ，それが個別企業の中で行われるのが企業内労働市場であると述べたが，企業主導型異動の下では，必ずしも通常経済学の教科書にある「需給メカニズム」で賃金と雇用が決められるのではない。需給メカニズムは需給マッチングの1つの方法であり，企業内労働市場の下では，経営権の一部である**人事権**によって需給マッチングが図られている（高年齢者雇用開発協会，1983）。

　他方，個人選択型異動とは，職務配置に個人の意向が反映され，配置転換が当該職務に対する希望者の「競争」で決められることを意味している。即ち個人選択型異動の特徴は，従業員の選択肢が拡大すること，選択が実現するか否かを決めるのは，人事権ではなく，需給メカニズムであるという点にある。

　しかし，個人選択型異動は決して**個人主導型異動**ではない。個人主導型異動は，個人の意向が100％反映されることを意味しており，企業内労働市場では存在しえない。その理由は，そもそも人的資源管理が「個人目的」と「組織目的」の調整のために行われるからである（個人の意向が100％反映されるなら，それは「自営業主」の集合体に過ぎない）。唯一「個人主導型」が当てはまるのは，現在勤めている企業を退職する場合であろう。

　したがって，企業内労働市場で実現可能な選択肢は企業主導型異動か個人選択型異動のいずれかである。こうした個人選択型異動をサポートするのが個人選択型人事制度，具体的には，職種別採用，自己申告制度，社内公募，社内ドラフトなどである。

　それでは，実際の人事異動は，どの程度が企業主導型異動であり，またどの程度が個人選択型異動なのだろうか。この点について，大企業の管理職を対象にした日本労働研究機構（1998a）で課長クラス管理職の部下が他の職場に異動

図表7-1　人事異動のイニシアティヴ

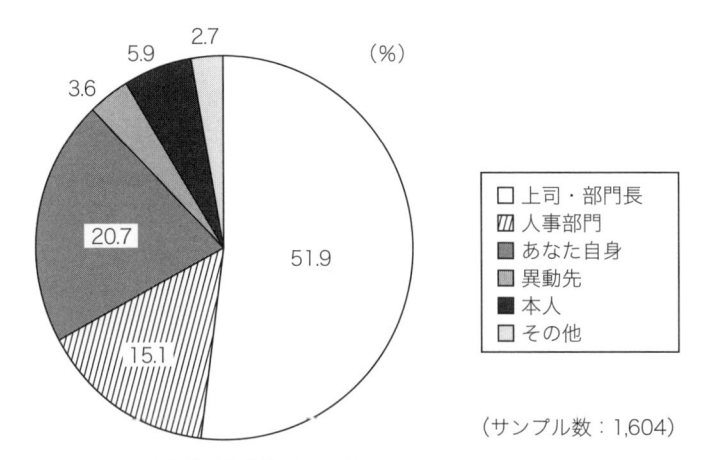

資料出所：日本労働研究機構（1998a），p.102。

する際，誰のイニシアティヴで行われるかを尋ねた結果「あなたの上司や部門長」が51.9％で最も多く，「あなた自身」が20.7％で，これに次いでいる。他方「人事部門」は15.1％であり，「本人」に至っては5.9％に過ぎない（図表7-1参照）。配置転換の圧倒的多数は，人事権による企業主導型異動によって行われている。このことは，外部労働市場に比べて企業内労働市場に依存する度合が高い日本の人的資源管理の特徴を示していると言えるだろう。

職能資格制度と配置転換

　ところで，配置転換について考える際に無視できないのは，賃金制度である。どのような賃金制度が配置転換を促進し，またどのような賃金制度が配置転換の制約になるのだろうか。

　まず言えるのは，職能給のほうが職務給に比べて配置転換を行いやすいことである。その理由は，仕事と賃金が緊密に結びついている程賃金の変動が大きくなるから，その結果，従業員，企業両方に現在よりも賃金が低下する仕事に異動する誘因は乏しいからである。ただし職務給の下でも配置転換によってグレードが下がらない異動しか行われなければ，賃金には影響することはない。

　それでは，職務給と職能給では，どちらが適材適所を実現するのだろうか。

　第1の仮説は，職能給は賃金の変動を考慮する必要がないので，人事権者が思い切った適材適所の人事を行うことができるというもの。他方第2の仮説は，職能給は賃金が変動しない分逆に人事配置が「お座なりになる」（賃金が変動しないのなら，適材適所を仔細に検討する必要はない），職務給のほうが賃金の変動が大きいので，人事権者は適材適所の観点からシビアに異動を検討するというものである。

　この点については，どちらが正しいかは一概に言うことはできない。そもそも配置転換によって賃金が下がるのは，部門間異動，職能間異動といった現在とはかなり異質な仕事に異動する場合である。こうした場合，そもそも賃金制度が職能給になっている可能性がある。逆に外資系企業のようにあまり広域の異動を行わないところでは，職務給は配置転換の制約にはならないだろう。さらに，適材適所をヒトと仕事の短期的なマッチングと見るか，企業内労働市場における長期的な人材育成を踏まえたものと見るかでも答えは違うだろう。

配置転換の方針と実態[4]

　先に，配置転換を「同一グレード内の仕事間異動」，職能資格制度においては「同一職能資格と主な対応関係にある仕事間異動」と定義した。では企業はどのような方針に基づいて配置転換を行っているのだろうか。

　この点，日本労働研究機構（1993a）は，事務系ホワイトカラーに関して「人事」，「経理」，「営業」など10の部門（以下**職能**）を定義し，人事担当者に部門を超える配置転換の方針を尋ねた。その結果「部門を超えて配置転換を行う」と答えた企業は，20歳代の従業員では51.3％であるが，年齢層が高くなるほど減少する。つまり，企業は若年層に対してほど部門を超える配置転換に積極的なのである。

　また，日米独の3カ国について人事，営業，経理・財務の3職能の部課長クラスに大卒ホワイトカラーの雇用システムを尋ねた日本労働研究機構（1998b）を見ると当該職能で課長を育成するためのキャリアとしては，日本は「当該職能だけでなく，別の職能分野の仕事も多少は経験すること」が56.9％で最も多く，「当該職能の中で数多くの仕事を経験する」が最も多いアメリカ，ドイツに比べ

て幅広いキャリア形成を指向していることがわかる。

しかし，こうした人事部門や職能部長クラスのヨコの異動に関する方針がどの程度実現されているかは，また別の問題である。次に配置転換の実態について検討しよう。

まず課長クラスの管理職に職場配置や人材育成を尋ねた結果である日本労働研究機構（1998a）によれば，自分の上司や人事部門から部下の異動を打診された場合の対応を見ると，「若手」，「中堅」（の部下）共に「打診に従って異動させた」は3分の1前後であり，その他は，①条件付きで承諾する（「業務に区切りができるまで現職に配置しておくことを条件に異動を承諾した」，「後任者が育成されるまで現職に配置しておくことを条件に異動を承諾した」，「後任者を配置することを条件に異動を承諾した」），②打診を拒否する（「本人の状況や将来を考えて断った」，「職場の事情を理由として断った」），という2つに分かれている。即ち，課長クラスの管理職は，上司や人事担当部門から部下の異動に

図表7-2　部下に対する人事異動の打診に対する管理職の対応

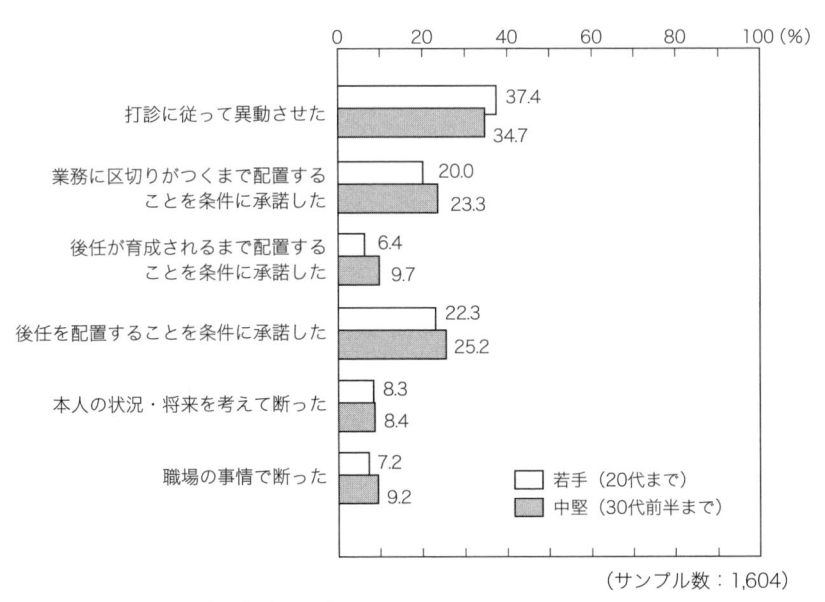

（サンプル数：1,604）

資料出所：日本労働研究機構（1998a），p.103。

図表7-3　最長職能分野の国際比較（％）

	現在の会社における勤続年数に占める最長経験職能分野の経験年数の比率				
（日本） 計（1,415人）	25%以下 (3.0)	26−50% (27.4)	51−75% (30.4)	76%以上 (39.2)	計 (100.0)
1）現在の職能分野と現在の会社での最長経験職能分野が一致する者（916人）	1.7	19.5	28.6	50.1	(64.9)
2）現在の職能分野と現在の会社での最長経験職能分野が一致しない者（499人）	5.4	41.9	33.7	19.0	(35.3)
（アメリカ） 計（619人）	25%以下 (1.0)	26−50% (14.7)	51−75% (18.7)	76%以上 (65.6)	計 (100.0)
1）現在の職能分野と現在の会社での最長経験職能分野が一致する者（496人）	0.8	11.1	17.7	70.4	(80.1)
2）現在の職能分野と現在の会社での最長経験職能分野が一致しない者（123人）	1.6	29.3	22.8	46.3	(19.9)
（ドイツ） 計（523人）	25%以下 (3.6)	26−50% (13.0)	51−75% (25.4)	76%以上 (57.9)	計 (100.0)
うち規模1,000人以上（334人）	4.8	13.5	29.3	52.4	
1）現在の職能分野と現在の会社での最長経験職能分野が一致する者（363人）	2.8	10.7	25.1	61.4	(69.4)
2）現在の職能分野と現在の会社での最長経験職能分野が一致しない者（160人）	5.6	18.1	26.3	50.0	(30.6)

注：(1)　現在の職能分野と現在の会社での最長経験職能分野が一致する者を計算する際に，最長経験職能として人事職能では人事・教育を，営業職能では営業販売と営業企画を，経理職能では経理財務をあげたものを含めた。
　　(2)　（ ）内の比率は，各国の部課長計（有効回答）に対する比率である。
資料出所：日本労働研究機構（1998b），p.13。

　関する打診に対して，それを留保あるいは拒否できるのである（図表7-2参照）。

　それでは，個人のキャリア・データからは，どのような事実が確認できるだろうか。日本労働研究機構（1998b）は，日，米，独の人事，営業，経理・財務の部課長クラスに，現在の企業の勤続年数と**最長職能分野**の経験年数を尋ねた。その結果最長経験職能分野における経験年数の勤続年数に対する比率を見ると，最長職能分野の経験年数が76％以上の**単一職能型**，51〜75％の**準単一職能型**，50％以下の**複数職能型**の割合は，日本では均等に分かれており，複数職能型は

約3割，準単一職能型は3割，単一職能型は約4割で，日本でも「非複数職能型」が約7割を占めている。しかしアメリカ，ドイツは複数職能型が少なく，単一職能型が圧倒的に多くなっており，日本のほうが海外と比較するとキャリアの幅が広いことがわかる（図表7–3参照）。

配置転換と「異動の力学」

以上，事務系ホワイトカラーの配置転換を人事部門の方針，管理職の対応，キャリア・データ，という3つの側面から検討した。部門を超えて配置転換を行いたい人事部門とは裏腹に，彼らのキャリアは職能内に留まる場合が少なくないのである。

こうした方針と実態の乖離は，人事部門，ライン管理職，従業員の間に異なるベクトルが存在することを示している。以下，こうしたベクトルを**異動の力学**と呼ぶことにしよう。

まず個々の従業員にとって必要なのは，自分の意向が配置転換に反映されることであり，それが「タコツボ指向」であることは先に述べた。他方，ライン管理職にとっては，企業全体の利益（「全体最適」）もさることながら自部門の利益最大化（「部分最適」）が何よりも重要であり，そのために必要な人材を自らの管理下に留めようとする。これが「人材の抱え込み」である。

ここから明らかなように，従業員や管理職に配置転換のイニシアティヴを委ねていると，彼らのキャリアが広がることはあり得ない。この点，人事部門は個々の部門の仕事情報ではラインにはかなわないが，全社的な仕事情報と全従業員の人事情報を有しているから「部分最適」ではない「全体最適」を実現できる立場にあると言えるだろう。

また企業がゼネラリストを必要としているなら，これは経済学的に言えば**公共財**であり，公的セクターである人事部門が責任を持って育成しなければ，「過少供給」に陥るのは目に見えている。これが公共財における**フリーライダー問題**である。どこの部門もゼネラリストを必要としているが，自分で育成するのはコストが掛かる。したがって，他の部門が育成したゼネラリストを獲得したい，あるいは既に育成したゼネラリストを手放さないというのが，ラインの偽らざるホンネだからである[5]。

　そしてこうした傾向は，今後ますます顕著になると考えられる。なぜなら近年進行している少数精鋭化によって職場の従業員数は減少し，他方今後成果による処遇の格差が拡大するとすれば，管理職はますます短期的成果を求められるからである。成果主義管理の強化によって管理職が人材育成よりも自らの成果を高めることに追われているとすれば，彼等が既に育成された人材の「抱え込み」を優先し，その結果配置転換がこれまで以上に難しくなることは明らかである。この点については，次の項で再度言及しよう[6]。

個人選択型異動が求められる理由[7]

　これまで配置転換の中で「企業主導型異動」を中心に見てきたが，この項では個人選択型異動とそれを可能にする個人選択型人事制度について検討しよう。

　先に企業主導型異動と個人主導型異動の違いや，「企業主導型異動」が「主導的」になる理由を検討した，しかし，こうした企業主導型異動は，現在さまざまな問題に直面している。第1に，今後成果によって従業員の格差をつけることが不可欠であるとすれば，その前提として自分で仕事を選択でき，その仕事に対して成果を問われるという仕組みをつくる必要がある。

　第2点，これまで企業主導型異動が中心であったのは，それが規模の経済性を達成し，また適材適所につながると考えられたからである。しかし，実際には規模の経済性が必ずしも適材適所を実現できるとは限らない。実際，企業内労働市場における仕事の多様化によって企業がすべての従業員の能力・適性を掌握することは不可能になっている。個人選択型異動が求められる所以が，ここにもあると言えるだろう。

　さらに第3点であるが，そもそもライン管理職は人事異動には消極的であり，人事部門が「人事権」を発動することによってさまざまな経験を積むことが可能になっていた。しかし，従業員数の少数精鋭化が進むと，ライン管理職は人事異動にますます抵抗し，その結果従業員のキャリアの幅が狭くなりかねない。従って，人事部門からすれば，個人選択型人事制度によって，「全体最適」の観点から，従業員のキャリアを広げることが可能になる。即ち，個人選択型異動には，「個人」を大義名分に掲げた人事部門と，ライン管理職による「覇権闘争」という側面もあるのである。

個人選択型人事制度の実態

　こうした個人選択型異動を拡大するためには，個人選択型人事制度を定着させることが必要である。こうした制度を具現しているのは，以下の3つである。

　まず第1は，第5章で述べたコース別雇用制度である。これは，厳密に言えば採用時点における個人選択型人事制度である。コース別雇用制度とはあらかじめ企業がいくつかのコースを設定し，どのコースに入るかを本人に選択させる制度であり，典型的な例は総合商社や銀行の「総合職」，「一般職」である。近年は「総合職」に相当する部分をさらに細分化して，「人事」，「経理」等の職種毎に採用を行う企業も増えている。

　第2は，**社内公募制度**である。社内公募制度とは，各部門が職務を特定して従業員に手を挙げさせるというものである。先に，外部労働市場で求人活動を行うことが募集であると述べたが，社内公募制度とは企業内労働市場における求人活動であると定義できるだろう。この場合，応募者は直属上司を経由せずに人事部に直接応募する場合が多くなっている。厚生労働省大臣官房統計情報部編（2002）によれば，5,000人以上規模企業では57.7%の企業が「社内人材公募制度」を実施している。

　第3は**社内ドラフト制度**である。これは，従業員が自分の能力や職歴を示して特定部門への異動を希望し，受入が認められれば社内異動が成立するという制度である。社内公募が「求人型」制度であるのに対し，社内ドラフトは「求職型」制度であると言えるだろう。この制度は，大手のメーカーや総合商社，一部の百貨店などで導入されている。

　しかしこの制度を活用することが可能なのは，空席が補充されない，あるいは対象が新規職務であるなどの理由によって欠員が発生している場合に限られる。各部門は各々定員が決められているので，人事部門は欠員がなければ公募やドラフトを認めないからである。

個人選択型人事制度のバランスシート

　最後に，個人選択型人事制度のバランスシートについて検討しよう。

　第1に，この制度が有効に機能するためには，応募者が適切な選択ができるよう仕事の内容やスキル・経験などの情報開示がなされることが重要である。

反面，これとは逆に，応募したことが職場にわかるといづらくなることは容易に想像できるので，応募者の秘密保持も不可欠の条件である。

　ここで，個人選択型人事制度のバランスシートを整理しよう。この制度の利点は自分のやりたい仕事に移れることがモチベーション向上につながり，成果主義に対する納得性が高まること，また企業の発掘しきれなかった人材が活用されることで「適材適所」が達成されることである。またライン管理職からすれば，ある日突然公募によって「不信任」されることがないように，職場の人的資源管理を改善することが期待できる。

　反面，これらの制度にはいくつか問題点があることも事実である。第1に，「やりたい」ヒトにさせたほうがよい仕事と「やってほしい」ヒトにさせたほうがよい仕事をどのように振り分けるかが重要である。高度な専門性が必要な職務や新規事業関連の職務は，企業側が充分適性をつかみ切れないので個人選択型人事制度に相応しいと言えるだろう。

　第2点，これは公募制一般に言えることであるが「手を挙げた人の中からしか選べない」という制約があり，応募者を選考して当該職務に異動させることが，常に「適材適所」を達成するとは限らないことに留意する必要がある。

　第3点は，社内公募制や社内FA制の導入・拡充によって従業員が短期的視野に陥り，いわば「公募職人」とでも言い得る層が増大することである。これは，需給メカニズムの根源的な問題点である。特に，この制度を欠員補充の手段にまで拡大することは，かえってライン管理職が部下の育成を怠り，また従業員も安易な気持ちで公募に手を挙げる風潮をつくり出すことになりかねない。

　さらに第4点，人事部門やライン部門が**コア人材**と期待していた者が，この制度を活用して異動してしまう危険性もある。この問題を解決するためには，後にも触れるが，ある程度本人にコア人材であることを伝える必要がある。これは今後の人的資源管理上の重要な課題であると言えるだろう。

　最後に第5点は，当該部門があらかじめ異動して欲しい従業員に声を掛けて応募させるという一種の「出来レース」が行われることである。この点は制度定着のためにはやむを得ないとの意見もあるが，本来の個人選択型異動からは逸脱していると言わざるを得ない。

2　昇進管理[8]

役職昇進と資格昇格

　これまで「ヨコの異動」である配置転換について述べたが，次に「タテの異動」である昇進管理について見ることにしよう。

　先に述べたように，ジョブ・グレードを前提にすれば「昇進＝上位のジョブ・グレードに異動すること」であるが，職能資格制度の下では「昇進＝上位の職能資格と主な対応関係にある役職に異動すること」である。このように，「役職」と「資格」という2つの人事制度が存在し，両者が分離している場合は昇進も**役職昇進**と**資格昇格**という2つの側面に分かれることになる。通常職能資格制度における昇進は，まず上位資格への「昇格」が行われ，しかる後に上位役職への任用（昇進）がなされるという形で行われる。これが第5章で述べた昇格先行・昇進追随である。

役職昇進の3つの機能

　以下では，役職昇進が人的資源管理上どのような役割を果たしているかを検討しよう。

　まず，第1の側面は**育成**である。第2章で述べたように人材育成手段としてOJT が重要とすれば，そのコストを節約するためには，仕事の難易度に従って昇進ルートを設けることが合理的である。たとえて言えば，新入社員をいきなり部長に登用すればその訓練コストは無限大だろうが，まず担当者の仕事を経験させ，それから係長，課長と昇進させていけば訓練コストを節約できるだろう。配置転換に教育的側面があるのと同様に，昇進にもより難易度の高い仕事を経験させ，人材を育成するという側面が存在するのである。

　第2の側面は，**選抜**である。組織の構造がピラミッド型であり，上位役職になるほど数が少なくなる以上，「育成」された者がすべて「昇進」できるわけではない。仕事を通じた「育成」は，同時に仕事を通じた「選抜」を意味している。また，一般に昇進は「係長→課長→部長」という形で行われる。即ち，課長は係長から選ばれ，また部長は課長から選ばれる。とすれば，課長への昇進

は部長への昇進候補者を「選抜」していることに他ならない。

　こうした昇進選抜は，「役職」と「資格」が分離し，「役職昇進」と「資格昇格」が分離している結果，**役職昇進選抜**と**資格昇格選抜**の2つの側面に分けられる。昇進選抜については，後に詳しく述べることにしたい。

　役職昇進の第3の側面は，**動機づけ**（モチベーション）である。育成と選抜という昇進の2つの側面は，いずれも**効率**という要請が働いているが，昇進には貢献に対する報酬という動機づけという側面があることも事実である。効率の観点に従えば，訓練コストを節約して，適材適所で候補者を絞り込むことが必要である。しかし，動機づけという観点からすれば，あまりに昇進機会を狭めると，それにはずれた従業員のやる気を削ぐことになるから，なるべく多くの者に機会を与えることが望ましい。逆に，多くの従業員に昇進機会を与え過ぎると，昇進自体の価値が減少し，昇進がインセンティブにならなくなってしまう。また多くの者に昇進機会を与えた結果昇進のスピードが緩やかになれば，有能な少数者の動機づけを損なうことになりかねない。

　こうした点に配慮して，多くの企業は役職昇進機会を少数者に留める一方，他の制度，例えば第5章で述べた資格制度によって「効率」と「動機づけ」を調整している。ただし，資格制度の「動機づけ」の側面が強まる程，役職者を任用するための人材ストックとしての機能との矛盾が生じざるを得ない。

昇進選抜の決定要因

　それでは，「資格昇格」選抜と「役職昇進」選抜はそれぞれどのような要因によって決められるのだろうか。この点については配置転換と同様，人事部門，ライン管理職，従業員，という三者の間に，「部分均衡」と「全体均衡」をめぐって異動の力学が存在する。そして，人事部門とライン管理職との利害の調整は，一言で言えば，上位資格への昇格は人事考課の結果に基づいて人事部門のイニシアティヴによって行われ，他方役職昇進については，ライン管理職の推薦が尊重される。日本労働研究機構（1993a）によれば，「役職」昇進選抜に際し重視される要因としては「能力・業績」，「資格制度上一定のレベルに達していること」，「職場の上司の推薦」が，課長クラス，部長クラス共に多くなっている。

　ただし人事部門は，上司から上げられる人事考課や昇進推薦とは別に，従業

図表7-4　誰が昇進選抜に関与しているか

（%），（　）内は実数

課長職への昇進において意向がもっとも尊重されるレベル

	全　体	従業員規模 3,000人未満	従業員規模 3,000人以上
役員会等	11.5	18.5	3.1
人事・教育部門	29.7	37.0	21.5
当該部門の長	44.6	33.3	56.9
直属上司	12.8	8.6	18.5
その他	1.4	2.5	0.0
N.A.	0.0	0.0	0.0
計	100.0(148)	100.0(81)	100.0(65)

部長職への昇進において意向がもっとも尊重されるレベル

	全　体	従業員規模 3,000人未満	従業員規模 3,000人以上
役員会等	61.5	75.3	43.1
人事・教育部門	7.4	3.7	12.3
当該部門の長	26.4	16.0	40.0
直属上司	1.4	1.2	1.5
その他	3.4	3.7	3.1
N.A.	0.0	0.0	0.0
計	100.0(148)	100.0(81)	100.0(65)

資料出所：日本労働研究機構（1998b），p.64。

員を対象にした試験や面接，研修等独立したチャネルを有しており，こうした多面的情報に基づいて最終的に誰を役職に昇進するかを決めている。一般に，人事考課は下から上に情報が流れるので，試験や面接によって「ヨコグシ」を刺さなければ，ライン管理職の評価が正しいかどうかを検証できず，ひいては適材適所を達成できないからである。

　この点，日本労働研究機構（1998b）を見ると，課長レベルへの昇進に際して最も影響力を持っている主体は，日本ではライン管理職（「当該部門の長」＋「直属上司」）が57.4％で最も多く，「人事・教育部門」が29.7％と，これに続くのに

対し（図表7-4参照），アメリカ，ドイツでは「直属上司」と「当該部門の長」が多くなっている。即ち，米独では，日本に比べて昇進人事がよりライン中心で行われているのである。他方，部長昇進に関しては，ライン管理職が27.8%，「人事・教育部門」に至っては7.4%にすぎない。部長レベルの昇進を決めるのは，「役員会等」（61.5%）なのである。

昇進選抜とトーナメント移動

　ところで，従業員は先述したように「係長→課長→部長」という形で昇進していく。したがって，係長に昇進しなかった者が課長に昇進したり，課長に昇進できなかった者が部長に昇進することはあり得ない。部長に昇進するためには，まず課長に昇進しなければならない。この点，ローゼンバウムは（ローゼンバウム（Rosenbaum, James E.），1984），従来社会学にあった**競争移動**（Contest Mobility, 選抜時期は遅く，従業員は，キャリアのほとんどの期間において上向移動の機会が与えられている）と**庇護移動**（Sponsored Mobility, キャリアの初期においてエリートとノン・エリートが選別される）に対して，実際の昇進選抜は**トーナメント移動**（Tournament Mobility）であると考える。即ち，従業員の企業内キャリアは競争の連続であり，勝者はより高いレベルの競争に参加できるが，次回の勝利は保証されていない。逆に敗者は完全に競争から排除されるか，あるいは一段階低い競争にのみ参加することができる。こうしたトーナメント移動のメリットは，競争移動の「動機づけ」と庇護移動の「効率」という，組織体が直面している制約要因のいずれをも充足できることにある。

いつ昇進競争が行われるのか？

　これまで昇進選抜という表現を用いたが，選抜される従業員側からすると，これは**昇進競争**である。日本の場合，アメリカと異なり，労働力の主要な給源は新規学卒採用であり，採用時点では短期のインターンシップやアルバイト等を除けば就業経験を有しない。このことは，経済学的に言えば，従業員と企業との間に情報の非対称性が存在することを意味している。第６章で述べた様に情報の非対称性とは，個々の従業員の職業能力に関する情報量に本人と企業の間で格差が存在することを意味している。こうした情報の非対称性を前提にす

れば，入社後直ぐに昇進・昇格に差をつけることは，危険この上ないだろう。

　その結果，入社後一定期間従業員は，個々人というよりは同じ年に入社した集団，即ち同一年次の一員として扱われ，昇進・昇格は個人の能力・業績ではなく，年次の中で行われる。これが**年次管理**である。こうした年次は，人事や経理といった職能が「タテグシ」とすれば，職能横断的に存在する「ヨコグシ」である。したがって，年次で昇進・昇格が決められるとすれば，その権限は職能部門ではなく人事部門に帰属せざるを得ない。例えば同一年次の30％を上位の役職に昇進させる場合，昇進枠はあくまでも能力や業績の分布によって決められ，職能ごとに枠があるわけではない。とすれば，その決定は年次全体の情報を有している人事部門しか行うことができない。第 5 章で日本企業では人事部門が個別人事に関与すると述べたが，理由の一端は年次の存在にあるとも言えるだろう。

重層型キャリア仮説とトーナメント移動

　今田・平田（1995）は，年次に基づくホワイトカラーの昇進競争をキャリアの段階によって競争のやり方が異なる**重層型キャリア**であると規定した。

　まず第 1 は**一律年功**である。入社後数年間は，同一年次の中で昇進・昇格の差は生じない。日本労働研究機構（1993a）によれば，64.5％の企業がこうした**同一年次同時昇進**を採用している。その理由としては，「従業員の能力評価を正確に行う」（73.4％）が最も多く，「従業員の意欲を高める」（58.4％），「従業員の能力開発を行う」（52.1％），が続いている。同一年次同時昇進の理由が，①情報の非対称性に対応するため情報を収集する期間，②限界生産力よりも高い賃金を支払うことによって従業員に訓練投資を行う期間，③多くの従業員に昇進機会を与えることによって，従業員のモチベーションを高める期間，という 3 点にあることが明らかである。

　第 2 は**昇進スピード競争**である。先述したように組織構造の制約や昇進をインセンティブにするためには，選抜が行われることは不可避である。同一年次の中で，最初に昇進・昇格する者をその年次の**第一選抜**，第一選抜の年齢を**初任年齢**と言う。

　しかし，この時期は，「昇進できるかできないか」ではなく，あくまで「昇進

スピード」の競争である。実際，今田・平田（1995）が大手企業のホワイトカラー経歴データを詳細に検討した結果，昇進が遅い者もフロント・ランナーから何年かは遅れるが，昇進機会が絶たれるわけではなく，大きく引き離されないでついていくという「踊り場」が存在する。

第3は**トーナメント型競争**，即ち「昇進できるかできないか」の競争である。課長以降の昇進競争は，「踊り場」が存在する課長昇進までの競争とは異なって，競争の勝者のみが上位の競争に参加できるというトーナメント形式で行われる。その結果昇進・昇格機会を絶たれ，同一役職・資格に滞留する者が増大するのである。

以上明らかなように，同一年次内の昇進競争は，あたかもマラソンレースのように行われる。しかし，昇進競争が，一律年功から昇進スピード競争，トーナメント型競争に転化して年次内で昇進格差が拡大すると，もはや同一年次の従業員を一律には扱うことはできなくなり，その結果昇進競争は，**抜擢人事**，**逆転人事**といった形で年次間（上の年次，下の年次）に波及していく。また同一年次の中でも，個々人の能力・業績に関する情報が蓄積される結果，昇進・昇格の決定は入社年次ではなく，個人属性に基づいてなされるようになる。

では，これまで述べた重層型キャリア仮説とローゼンバウムのトーナメント移動仮説は，どのような関係にあるのだろうか。重層型キャリア仮説は，昇進選抜の方式はキャリアの段階によって異なり，トーナメントが行われるのはその最終段階であると考える。しかし，繰り返し述べたように，ピラミッド型の組織構造の下で，従業員が「係長→課長→部長」という形で昇進していくとすれば，選抜の基本はやはりトーナメントである。従って重層型キャリアにおいては，一律年功や昇進スピード競争という形で「トーナメントの第1回戦を意識的に長めに設定している」と考えれば，両者の考え方を融合できるだろう。

個別企業のキャリア・ツリー

これまで述べたことは，言わば昇進選抜の「一般理論」であり，実際には業種や従業員の年齢構成，企業の成長度合いによって選抜のやり方はさまざまである。同一年次入社の大卒社員のキャリア・ツリー（図表7-5参照）を異なる企業で検討した花田（1987）によれば，ある企業では第一選抜で昇格するのは年

図表7-5　個別企業のキャリア・ツリー

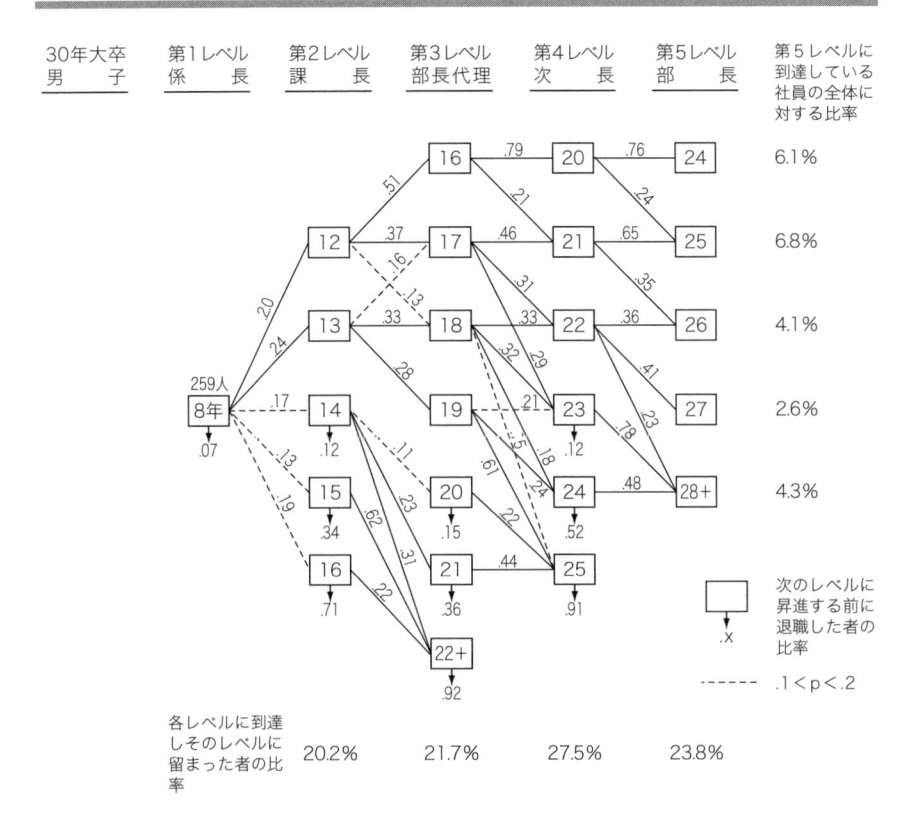

・各枠内の数値は昇進にかかった年数を意味する。
・各線上における各枠内で指示された数値は年数で，昇進した者の比率（10％未満は省略）

資料出所：花田（1987），p.46。

次の中の２割程度であるが，第一選抜で漏れた者が次の昇格では第一選抜に選ばれるという「敗者復活」やその逆の現象も見られる。これに対して，大多数の者が第一選抜で昇格するが敗者復活は見られず，逆に「敗者の弁別」に重点を置いた選抜を行う企業も見られるのである。

昇進選抜の国際比較

　ところで，昇進選抜は日本と他国ではどの程度異なっているだろうか。この点を日米独で比較した日本労働研究機構（1998b）で確認しよう。ここでは，新規学卒で入社した同一年次の大卒社員の昇進分布を尋ねており，図表7-6の A は第一選抜の時期を，また B は，上位役職への昇進機会が断たれた者が同一年次の中で5割に達する時期（以下，**横這い群出現期**）を各々示している。まず，第一選抜が行われる時期については，日本が入社7.9年であるのに対して，アメリカは入社後3.4年，ドイツは入社後3.7年と明らかに日本より選抜時期は早い。横這い群出現期についても，日本が22.3年なのに対してアメリカは9.1年，ドイツ11.5年と，米独は日本よりも早期にキャリアが分化していることが分かる（図表7-7参照）。

　こうした時間をかけた昇進選抜は，先述した様に，従業員の人材育成に貢献しており，従業員の能力評価を正確に行うことができる，さらには従業員のモチベーションにも配慮している，といった点で，人的資源管理上重要な役割を果たしている。もっとも上記の点は何も日本だけではなく，国境を越えた普遍的な物である。しかし，日本的な方式が世界標準たり得るかと言えば，必ずしもそうとは言えない。むしろ，能力のある者を早く昇進させることこそが世界標準であると言えるだろう。実際，1980年代に日本企業は自らの人的資源管理を海外に移転しようと試みた。しかしその試みは同一年次同時昇進を基調とするホワイトカラーにおいては，有能な従業員が退職し，セカンド層が滞留するという形で，見事に「失敗」したのである。

　それでは，「格差をつけないことがモチベーションを高める」という命題は，どの様な場合に当てはまるだろうか。一般に，格差を大きくすることによって「勝者」のモチベーションは疑いなく高まるだろうが，「敗者」のモチベーションが低下することも，また疑いのない事実である。もちろん敗者に退職を求めることができる，或いは敗者が自発的に退職する社会であれば，取り敢えず問題が内包することはない。しかし，これまで述べた様に日本は従業員を「辞めさせられない」，また諸外国に比べてこれまでは「辞めない」社会である。「辞めさせられない，辞めない」社会では，仮に格差が拡大しても「敗者」は退出せず，モチベーションが低下したまま組織に留まることにならざるを得ない。

図表7-6　昇進選抜の概念図

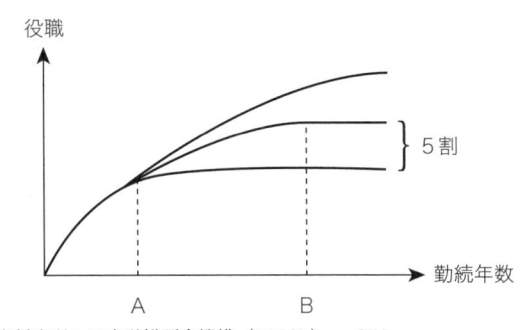

資料出所：日本労働研究機構（1998b），p.276。

図表7-7　昇進選抜時期の国際比較

	日本 （565人）	アメリカ （290人）	ドイツ （369人）
1）初めて昇進に差がつき始める 　時期	平均7.85年 （標準偏差3.56）	平均3.42年 （標準偏差1.96）	平均3.71年 （標準偏差1.87）
2）昇進の見込みのない人が5割 　に達する時期	平均22.30年 （標準偏差6.03）	平均9.10年 （標準偏差5.55）	平均11.48年 （標準偏差6.51）

資料出所：日本労働研究機構（1998b），p.17。

特に労働力の給源が新規学卒採用中心であり，全員が同一の条件で入社している場合，この点は深刻であろう。要するに，長期雇用を前提とすれば，昇進選抜は「短期間に大きく」ではなく，同一年次の中で「長期にわたって徐々に」とせざるを得ないのである[9][10]。

ファスト・トラックは存在するか？

　最後にここでは，昇進選抜をめぐる最近の問題として**ファスト・トラック**，即ち経営幹部候補生の早期選抜制度について述べることにしたい。

　先に，日本企業の昇進選抜は重層型キャリアであると規定したが，そこには次の2つの問題が存在する。まず第1は，同一年次の中で時間を掛けて誰が昇

進するかを決めていく結果，多くの従業員に昇進機会を与えることができる反面，従業員が経営幹部に昇進するまでに長い時間を必要とすることである。

第2点として，従業員が「係長→課長→部長」と昇進する過程では，当然係長の仕事で実績をあげた者が課長に，また課長の仕事で実績をあげた者が部長に昇進していく。しかしプロ野球で選手として実績をあげなかった者が監督として手腕を発揮することがあるように，企業が全員ではないにしろ**経営のプロ**を必要とするのであれば，通常の昇進とは別のルートが必要になるだろう。同時にこうした制度は，優秀な従業員を早期選抜によって他社に引き抜かれないという防波堤の機能をも担っている。近年，日本の企業でも，ワールドワイドで一定のグレード以上の者をデータベースで管理し，地域毎にコミッティを置いて枢要なポジションに空席が生じた場合に備えて予め候補者を用意しておく，いわゆる**タレントマネジメント**の仕組みを導入する企業が増えている。

では，果たしてどの程度の企業がこうした経営幹部の早期育成を行っているのだろうか。ファスト・トラックを「将来の幹部候補を入社後早期に選抜し，彼らに特別なキャリア・ルートを用意する制度」（日本労働研究機構，1998b）と定義した上で，その導入割合（「入社直後からあり」＋「入社後しばらくしてからあり」）を日米独の3カ国で比較すると，アメリカ48.5％，ドイツ38.1％に対して日本は8.8％にすぎない。

しかし，橘木（1997）で民間ホワイトカラーに尋ねた結果を見ると，「同期のなかで，誰が上位の管理職まで昇進しそうかわかるか」という問に対し，既に20歳代から4割近くが「なんとなくわかる」としており，その理由として「学歴・出身校」，「研修などでわかる能力の高さ」，「これまでに経験した部署」が多くなっている。つまり「役職昇進」で同一年次の従業員の間に差がつく前に，「仕事」や「昇給」，その結果である「昇格」の格差によって，重層型キャリアと経営幹部の早期選抜が融合しているのである。こうした「隠微なファスト・トラック」の典型は，都市銀行で同期のトップに対して行われてきた，「支店2カ店→企画部（あるいは人事部）」といったキャリア・ルートである。

ファスト・トラックの問題点
こうしたキャリア・ルートは，対象者にも存在そのものが知らされていない。

従って，候補生の能力を見極めた上でいつでもコースから離脱させられるというメリットがあるが，反面選ばれた従業員に明確な意識づけを行うことは難しい。また，本人に公開することは，彼らが社内に留まるインセンティブにもなる。従って，日本企業でも早い段階から経営のプロを育成するためには「隠微」でなく「明示的」なファスト・トラックを導入する必要があるだろう。

しかし，こうした明示的なファスト・トラックには問題点も多い。第 1 に，年次管理を基調とした昇進選抜を前提にすれば，本人に公開した場合には，選ばれなかった従業員のモチベーションが低下する，選ばれた者を妨害するなどの問題が生じる危険性がある。

第 2 点はファスト層の比率はどの程度が適正かである。この制度の目的は，企業が経営幹部候補をストックすることにあるが，反面ファスト層のストックを増やせば増やすほど，「なぜ自分が選ばれない」という不満が高まることは想像に難くない。ある多国籍企業の人事担当者は，ファスト層の比率は社内でそれが「例外的存在」の域を出ない 5 ％以内に抑えるべきだと述べている。

第 3 点，キャリアのどの段階で選抜を行うかが重要である。早すぎれば選抜に間違いが生じる危険性が高いし，さりとて遅すぎればその後の育成に支障を来すだろう。

さらに第 4 点として，日本でファスト・トラックが導入されない 1 つの理由は，「経営のプロの労働市場」が形成されていないために，一度ファスト・トラックに選ばれながら，その後伸び悩んだためファスト層から離脱した者が，モチベーションが低下したまま社内に留まることを企業が心配しているからではないだろうか。ファスト・トラックによって社内に経営幹部候補を「ストック」するためには，彼らの労働市場が企業外に形成されていなければならないのである。

<注>

(1)　ここでは，配置転換の理由について，企業が適材適所の観点から行われた適正配置を，所与の条件の変化に従業員を適合させるということに求めた。しかし，幹部候補生に対するジョブ・ローテーションなど，元々企業が短期的な適材適所にこだわらずに配置転換を行うこともあるだろう。

(2)　八代（尚）(**1980**)，第 2 章参照。ここでは，こうした訓練機会が男女間で不均等

に配分されていることが男女間賃金格差の主要な要因であることが指摘されている。

(3) この項の記述は，八代（充）（2003b）に依拠するところが大きい。

(4) この項の記述は，八代（充）（2002），第5章に依拠するところが大きい。

(5) 公共財とフリーライダーに関する議論は，沼上（2003），第5章を参考にしている。

(6) 人事部門ライン管理職，個々の従業員による「異動の力学」は，下図のように示すことができる。まず，個々の従業員は上司に自己申告を提出するが，企業主導型異動と個人選択型異動の割合を見れば，これが実際の異動に反映される余地が乏しいことは明らかである。他方，ライン管理職は人事部門に対して，本文中でも述べた様なさまざまな交渉力を行使する。しかし，こうした下からの情報の流れだけに依存していると，適材適所が図られない恐れがある。したがって人事部門は，個別面談や研修によって従業員の能力や適性を把握し，現実の異動，昇進に反映させようとしている。

配置転換と「異動の力学」

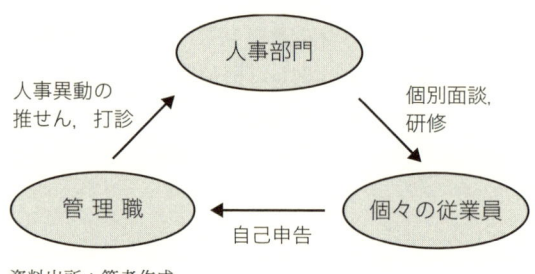

資料出所：筆者作成。

(7) この節の記述は，八代（充）（2003b）に依拠するところが大きい。

(8) この節の記述は，八代（充）（2002），第5章および終章に依拠するところが大きい。

(9) ただし，市川・太田良（2013）によれば，同一年次内の昇進格差が大きい企業は小さい企業に比べて従業員の転職率が高いという調査結果が出ており，日本の労働市場でも昇進格差の拡大が労働市場の流動化を引き起こす可能性があることを示唆している。

(10) 本章で述べた異動・昇進管理は，主に大卒ホワイトカラーを念頭に置いている。この点を団塊の世代を対象にオーラル・ヒストリーの手法で検討した労作として，清水・谷口・関口編（2019）がある。その結果は，概ね本章の記述を裏づけるものである。

第8章

定年制と雇用調整—さまざまな退職管理

　第6章では，人的資源管理の「入り口」である募集・採用管理を取り上げたが，この章では「出口」である退職管理について検討する。

　企業は，労働力を市場から調達して，その価値を高めるためにさまざまな形で教育・訓練を行う。教育・訓練を行うのはそれ自体が目的ではなく，労働力の価値，即ち労働生産性の向上が利潤の増大につながるからである。

　ただし企業がどのように維持・向上させることに努めても，労働力というサービスが人間に体化したものである以上その価値がいつか低下することは避けられない。しかし第3章で述べたように，企業と従業員との長期的関係の下では，労働生産性の低下は必ずしも賃金の低下につながらない。したがって，企業が利潤の増大を求めるためには，既存の労働力の労働生産性を高めることはもちろん，常に労働力の新陳代謝に努めることが必要になる。これが退職管理の求められる所以である。

　もちろん第2章で述べたように，労働力というサービスは人間人格と分かち難く結びついているから，いくら労働市場という「市場」で取引されているからと言って，モノのように処理することは許されない。「コスト削減」や「国際競争の生き残りを賭けて」という美名の下に人間の尊厳を踏みにじる行為を行う企業は，利潤極大という人的資源管理の目的以前にそもそも存在を許されないのである。

　以上の点を踏まえて退職管理について見ることにしよう。退職管理は，大きく次の2つに分けられる。第1は従業員を一定年齢で強制的に退職させる定年制である。定年制は，解雇の一形態であり，「年齢に基づく解雇」と言うこともできる。第2は定年制や解雇以外のさまざまな退職管理，即ち早期退職優遇制

度や出向・転籍などである。企業は解雇権を保証されているが，それがさまざまな判例法理に拘束されていることも事実であり，したがって，「解雇によらない人減らし」は退職管理の重要な側面を占めている。

1　定 年 制[1]

定年制とは

　まずこの節では，定年制について検討しよう。**定年制**とは「一定年齢で従業員を強制的に企業から退職させる制度」である。厚生労働省大臣官房統計情報部編（2004）を見ると，91.5％とほとんどの企業に定年制があり，うち一律定年制を定めている企業は96.8％，うち60歳を定年年齢とする企業は90.5％となっている。法律的には，定年制を実施すること自体は企業の自由であるが，ひとたび定年制を実施する際は，後述する高年齢者雇用安定法の規定によって，60歳未満の定年年齢は無効とされている。また，2006年から施行された同法の改正によって，企業は①65歳への定年延長，②60歳定年到達後65歳までの継続雇用，③定年制の廃止，のいずれかを選択しなければならない。

定年制の2つの機能

　こうした定年制には，次の2つの側面がある。まず一定年齢に達した従業員を一律に解雇できる定年制は，雇用調整機能を担っていることである。労働基準法では，解雇制限的な条項は存在しないものの，第3章で述べた整理解雇の四要件に見られるように解雇に関して厳しい判例法理が確立している。したがって，一定年齢に達した従業員を一律に解雇できる定年制は企業にとって雇用調整の重要な手段なのである。

　他方，定年制は，日本的雇用制度の象徴であった。定年年齢で満額支払われる退職金や賃金後払いと言われる年功賃金は，労働者に同一企業に勤め続けるインセンティブを与えた。また，定年までの長期的な雇用関係の下で，企業はあるときは賃金を生産性よりも高く，あるときは低く設定することによって，人材育成を行ってきた。即ち定年制は，「定年年齢による一律的解雇」と共に，「定年年齢までの雇用保障」という側面をも合わせ持つのである。

60歳への定年延長と人的資源管理上の対応

　次に具体的な定年年齢について述べることにしたい。定年年齢は，オイル
ショック以前は主に55歳であったが，昭和50年代以降は60歳への定年延長が社
会的潮流となった。

　定年延長を促したのは，次の2点である。第1は，個別企業に定年延長を行
うメリットが存在したことである。定年延長のメリットとして挙げられたのは
熟練労働力を継続して活用できることや，従業員の一体感の醸成，さらには現
実的理由として，退職金支払いのモラトリアムなどである（高年齢者雇用開発
協会，1983）。昭和40年代においては，上記の理由から企業が自主的に定年を延
長した事例も存在するのである。

　しかし，昭和50年代以降の定年延長は，主として高齢化の進行に伴う行政施
策として進められた。労働行政が定年延長を主導した背景には，日本の労働市
場では定年到達後の再就職が困難なこと，また仮に再就職が可能であっても賃
金水準が大幅に下落することが挙げられる。いわば定年延長は企業内労働市場
における「企業特殊的能力」を前提とした政策であり，従来の雇用政策では個
別企業における雇用保障が重視されていたのである。

　こうした考え方に基づいて，「昭和60年60歳定年」が政策の基本目標となり，
労働省による行政指導と共に高年齢者雇用開発協会による高齢者雇用の普及啓
蒙活動が行われた。そして1986年には，高年齢者雇用安定法の施行に伴って，
60歳以上定年年齢が努力義務化された。さらに1998年，同法の改正によって60
歳以上定年年齢が法定義務化され，60未満の定年年齢は無効となっている。

　定年延長に伴い，個別企業は人的資源管理上でさまざまな対応を採ることを
余儀なくされた。人的資源管理の基本は，入職から定年退職に至るまで**一貫し
た人事管理**（「雇用審議会答申」第16号）の中で行われている。したがって，人
的資源管理上の対応は定年延長該当者に留まるものではなく，従業員全体に対
して行われざるを得ないのである。

　まず企業レベルの対応としては，役職定年制，専門職制度，資格制度などの
新しい人事制度の導入や，賃金カーブの抑制と言った施策が挙げられる。役職
「定年制」とは，一定年齢で役職を離脱させる制度であり，本来なら旧定年年齢
で退職するはずの管理職が，定年延長によって現職に留まることから生じる人

事の停滞を防ぐために導入された。また資格制度や専門職制度は，高齢化による昇進機会の閉塞に伴い，従業員を処遇することを主な目的としていた。しかし，従業員の専門能力活用よりも管理職ポストに就けない者の処遇を主な目的とした「処遇的専門職」は結局失敗し，資格制度も，管理職ポストに就けない者の処遇という「動機づけ」の側面と共に，従業員の能力開発という「効率」の側面をも合わせ持つことになった（高年齢者雇用開発協会, 1983, 1984, 1985）。

ところで，定年延長への企業の対応としては，こうした企業内の人的資源管理の変更と共に企業グループ内への労働移動が重要である。本来，定年延長とは，従業員の高齢化に対応して雇用期間を延長することにあった。しかしこうしたタテマエとは裏腹に，実際は雇用期間を延長したくないというのが企業のホンネであり，事実雇用期間は必ずしも延長されてはいなかった。企業が従業員を定年年齢以前に関連企業に出向・転籍させ，「企業グループ内」の定年延長によって，雇用を保障していたのである（高年齢者雇用開発協会, 1983, 1984, 1985）。

60歳以降の雇用延長

60歳への定年延長と並行して，次は60歳代前半層の雇用をどのように確保するかという問題が生じた。60歳代前半層の就業意欲が高いことや老齢厚生年金支給開始年齢が60歳から65歳へ引き上げられることが理由である。既に昭和50年代後半から，行政でも60歳代前半層の雇用対策が検討課題とされた（労働省職業安定局高齢者対策部編, 1985）。この点に関して，65歳現役社会研究会（1997）は①定年延長，②**再雇用・勤務延長制度**，③**エージレス社会**の構築，という3つの選択肢を提示した。

まず第1は，55歳から60歳への定年延長と同様に，定年年齢を60歳から65歳へ延長するというものである。ただし，定年延長は「賃金後払い」期間の長期化を意味するから，現行賃金体系を維持したまま定年延長を行うことは企業にとっては望ましくない。したがって，更なる定年延長を行うためには現行賃金体系の見直しが不可欠となる。また60歳への定年延長は，企業グループ内雇用保障を促進したが，65歳まで定年を延長した場合，雇用保障を従来のように企業グループ内で行うことができるか否か，また55歳から60歳への定年延長に比

べて，60歳から65歳への定年延長は体力的な個人差が大きくなるのではないかということが問題点として指摘されていた。

第2の選択肢は，60歳から65歳への雇用延長を定年延長でなく，再雇用・勤務延長制度（以下「継続雇用」）で行うことである。この制度は，日本の高度成長期を担った重厚長大産業で，従業員の大量定年退職時代を迎えた際に，後進に技能を伝承させるという重要な意義を有していた。

継続雇用制度は，「希望者全員に適用する」，「企業が対象者を選別する」という2つのタイプに分けられる。前者は後者に比べて人的資源管理を修正した企業が多く（東京都労働経済局職業安定部，1998），その内容は「賃金体系の見直し」，「退職金制度の見直し」，「長期的視野に立ったキャリア形成の体系化」，「新しい勤務形態の導入」などとなっている。

ところでこうした選択肢は，いずれも「65歳」までの雇用延長を実現することを前提としていた。これに対して，目指すべきは年齢による人的資源管理から脱却し，年齢に関係なく能力に応じて働ける「エージレス社会」であるというのが第3の選択肢である。

定年制と年齢差別

労働法では，従業員をその属性によって合理的な理由なく不利益な取り扱いをすることに対しては，さまざまな規制がなされている。代表的なものとして性による差別を禁じた男女雇用機会均等法が挙げられる。

しかし，「年齢」による異なる取り扱いはこれまで規制の対象となっておらず，従って例えば求人に際して年齢制限があることが中途採用や女性，高齢者の労働市場への再参入の妨げになっていた。この点アメリカでは，1967年に**年齢差別禁止法**が制定され，雇用のすべての局面において年齢を理由とする使用者の差別行為が禁止されることになった。この法律は20名以上の雇用者を持つあらゆる雇い主に適用されている。

日本でも，**年齢差別**のうちで求人に関する年齢制限は規制の対象となった。2001年10月から施行された改正雇用対策法では，求人募集や採用にあたって企業が年齢制限を行うことを原則禁止した。しかし，年齢差別の今一つの重要な側面は定年制であり，一定年齢で強制的に企業を退職させる定年制は年齢差別

であるとして，経済学者を中心に撤廃が主張されてきた。ただし，この点については以下の点を考慮する必要がある。

　まず第1点は，従来の賃金体系を前提にエージレス雇用を行えば，企業の人件費負担が大幅に増大するであろうこと。第2点は，先述したように定年制は現在企業にとって雇用調整の重要な手段であり，それを撤廃した場合，企業はどのような形で雇用調整を行うのかということである。第3点は，企業の人員計画が定年制を前提になされていることである。なぜなら，一定年齢で企業を退職する定年制の下では退職者数の把握が容易であり，人員計画が立てやすいからである。したがって，上記の問題を解決するためには，定年制の撤廃と引き替えに「年齢以外の基準」による解雇権を拡大し，また従来の年功的処遇を大幅に見直すことが不可欠である。

　しかし問題は，定年制と引き替えに拡大するとされている解雇権は何を基準に行われるのかという点にある。「年齢」に代わる解雇基準は，「能力」，「成果」ということになるが，「成果主義賃金」が制度として導入されても，運用にさまざまな問題を引き起こしている現状からすれば，この点を達成するのは容易なことではない。

　実際，玄田（2001）は60歳定年制の企業は61歳以上の一律定年制の企業に比べて，人事考課上の問題を抱えている企業が多く，また定年延長や定年制廃止のためには専門職制度を導入する必要性が高くなっていると述べている。これまで，55歳から60歳への定年延長や60歳から65歳への継続雇用制度の導入に際して，さまざまな人的資源管理上の修正が行われたことは既に指摘した通りである。

　しかし60歳を超える定年延長には人事考課や専門職制度という課題があり（これ自体は60歳への定年延長の際にも問題になったが），定年制そのものの撤廃は，「解雇基準の明確化」というこれまでとは大きく異なる問題に直面する。したがって，単に能力・成果主義を導入するだけでなく，人的資源管理の大幅な見直しが行われない限りその実現は難しいと言わざるを得ない[2][3]。

高年齢者雇用安定法の改正と企業の対応
　2006年4月には，高年齢者雇用安定法の改正によって先の研究会報告書が提

示した選択肢とまったく同様，企業は60歳定年到達者の雇用に関して①65歳への定年延長，②60歳定年を前提にした65歳までの継続雇用，③定年制の廃止（つまりエージレス）という3つのいずれかを選択しなければならない。2013年4月からは，②の65歳までの継続雇用は希望者全員に適用されることになった。

　厚生労働省（2013）によれば，高年齢者の雇用確保措置としては，「継続雇用制度の導入」81.2％，「定年の引上げ」16.0％，「定年制の廃止」2.8％と，継続雇用制度による対応が圧倒的に多くなっている。その理由は，60歳定年到達に伴い賃金制度を正社員から非正社員を対象にしたものに移行させ，結果として人件費コストの弾力化を図れるからである。例えば，継続雇用社員の労働時間が正社員の半分であれば（これには①1日の労働時間を短くする，②出勤日を少なくする，という2つのやり方がある），労働コストは正社員の半分近くまで減少するだろう。逆に言えば，継続雇用制度は，同じ労働コストで定年延長に比べてより多くの従業員を雇用できるという意味で，ワーク・シェアリング（仕事の分かち合い）に他ならないのである[4]。

　しかし継続雇用が定年延長に比べコスト安であることは，人的資源管理上新たな問題を引き起こす。なぜなら，企業が自主的であれ行政の要請に基づいてであれ継続雇用を行うとすれば，継続雇用者に今までの経験を活かした仕事をしてもらいたいと考えるのが最も理にかなっている。しかし，「これまでの経験を活かす仕事＝これまでと同じ仕事」となると，正規雇用か継続雇用という雇用形態の違いのため，仕事は同じにもかかわらず賃金が低下してしまう。その結果，同じ仕事をしている正社員とパートタイマーの間の賃金格差とまったく同じ問題が生じるのである。したがって，60歳定年到達者の継続雇用に際して賃金調整を行うのであれば，従来の経験を生かせる仕事をさせるのは当然として，賃金の低下に合わせて職責の変更を行う（例えば「営業部長」だった者を「営業専任部長」にして，管理的責任を免除する）ことが必要である[5]。

2　雇用調整と人的資源管理

雇用調整とは

　これまで定年制に関するさまざまな問題について述べたが，この節では，定

年制以外の雇用調整の手段について言及したい。まずそもそも論であるが，**雇用調整**とは何か。雇用調整とは，「**労働需要**の変動に対して**労働投入量**を調整すること」である。労働経済学的には，労働需要は**生産物需要**から生じる**派生需要**であるから，**生産物市場**の変動の結果労働需要が減少すれば，それに合わせて労働投入量を調整しなければならないのである。

　一般に，労働投入量の調整には次の2つのやり方がある。第1は，**人員タームの調整**，即ち従業員の頭数を調整することである。従業員を一定年齢で強制的に退職させる定年制が雇用調整の重要な手段であることは，言うまでもない。

　第2は，**マン・アワータームの調整**である。労働投入量の調整手段は必ずしも頭数の調整だけではない。(総労働投入量)＝(従業員数)×(労働時間) だから，雇用調整の手段としては頭数の調整と共に労働時間による調整も重要である。

　では，人員タームの調整やマン・アワータームの調整は実際どのような形で行われているのだろうか。前者について最も直接的な手段は，労働基準法でも保証されている解雇である。しかし，第3章で述べたように，実際には判例法理によって解雇権はさまざまな形で制約されている。したがって，雇用調整の優先順位としては，解雇という手段に訴えるより前に新規採用の停止や出向・転籍，さらに早期退職優遇制度などが行われるのが一般的である。なぜ，新規採用を手控えることが雇用調整なのかと言うと，仮に従業員数100人の企業が今年新規採用を手控え，他方定年制によって10人が退職すれば従業員数は90人となるからである。出向・転籍や早期退職優遇制度については，後に詳しく述べることにしよう。

　他方，後者に関して一般的なのは所定外労働時間（つまり残業時間）である。解雇権に制約があるということは，一旦雇用した従業員は容易に解雇できないことを意味している。したがって企業からすれば，従業員数を本来あるべきよりも少ない人数に留めて，好況の際は追加的雇用よりもまず既存従業員の残業で対応する，逆に景況が思わしくないときは，まず解雇ではなく残業時間を短くする，という形で労働投入量を調整することが合理的となる。

　労働時間による雇用調整は，不況期には，**ワーク・シェアリング**という形で議論される。ワーク・シェアリングとは「仕事の分かち合い」，1人当たりの労働時間を短くして従来の1人分の労働費用でそれ以上雇えるようにすることで

ある。所定外労働時間による雇用調整では充分労働費用の削減が達成できない企業が，この制度を選択すると言えるだろう。

　しかし，実際には労働時間の削減と労働コストの削減は必ずしも明確に対応しているわけではない。例えば所定労働時間は半分になっても，労働費用が半分になるとは限らない。所定労働時間が短縮されても，労働費用の約2割を占める福利厚生費はそのままだからである。また残業時間を削減しても，それが雇用増につながる保証はない。残業時間が長い理由は，企業がそれを雇用調整の手段としており，さらに言えば景気が上向いた際に残業手当を支払っても新しくヒトを雇うよりもはるかにコスト的に安上がりだからである。

　さらに，人的資源管理の目的が労働生産性の向上にあるとすれば「1人の仕事を2人で分かち合う」ことは，その目的に逆行すると言わざるを得ない。ワーク・シェアリングは，先述した継続雇用制度の運用などには適しているものの，雇用調整施策としては「ラスト・リゾート」と言わざるを得ないだろう。

早期退職優遇制度

　ところで，退職には「自己都合退職」と「会社都合退職」の2つがある。大多数の企業は退職者に対して退職金を支払っているが（ただし会社の懲戒解雇の場合は支払われない），自己都合退職は，会社都合退職に比べて同じ勤続年数でも退職金の金額が低く設定されている。これは，もともと退職金が長期勤続を奨励する意味合いを有していたからである。

　しかし近年は，多くの企業が自己都合退職の場合も会社都合分だけ退職金を支払う，あるいは就業規則上の定年年齢以前に自己都合で退職する場合も退職金のプレミアムを設定するなど，従業員に早期退職に対するインセンティブを与えている。これが**早期退職優遇制度**である。この点，厚生労働省大臣官房統計情報部編（2003）によれば，従業員規模5,000人以上規模では57.3％の企業がこの制度を導入している。「早期」とは，言うまでもなく「定年年齢以前」という意味である。

　早期退職優遇制度（かつては「選択定年制」）が導入された背景の1つは，高齢化社会の到来を迎えて従業員に定年退職後の人生設計を念頭に置いた選択肢を提供することである（例えば，田舎に帰る，起業する，資格を取得する）。し

かし今一つの大きな理由は，上述した解雇を行うことが困難である中，「本人の選択」によって雇用調整を行うことにある。なぜなら，割増退職金を支払うのが従業員の早期退職に対するインセンティブになる一方，同じ従業員を定年年齢まで雇い続けるのと比較すれば，人件費コストの大幅な削減につながるからである。一般にこの制度が対象とするのは人件費の高い45歳以上の中高年齢層であるが，新規学卒者が入社して間もない20歳代を除いてすべての年齢層を対象にしている企業もある。

　ただし，「本人の選択による雇用調整」という点で極めて巧妙な制度である早期退職優遇制度には，重大な問題が存在する。即ち，早期退職の意思決定を従業員本人に委ねる結果，企業側は誰が退職するか，あるいは，何人退職するかに関与することができないのである。したがって，「辞めて欲しい人間が会社に留まり，逆に辞めて欲しくない人間がこの制度を利用して辞めてしまう」「予定人員よりもはるかに多くの従業員が，この制度に手を挙げてしまう」というパラドックスが，しばしば生じることになる。これが，経済学で「**逆選択**（adverse selection）」と呼ばれている現象である[6]。

　その結果少なからずの企業は，上記パラドックスで人材流出に悩むか，あるいは「辞めて欲しい人間に水面下で働きかけて，従業員の信頼感を喪失するか」というジレンマに直面するだろう。実際，この点に関しては，まず成果主義人事制度を導入し，従業員に自分のポジションを理解させた上で，早期退職優遇制度を導入する企業も見られるのである[7]。

出向・転籍

　先に，早期退職優遇制度は本人の選択による雇用調整という点で極めて巧妙である反面，会社側に「誰が辞めるか，何人辞めるか」について選択権が存在しないと述べた。この点に関して，雇用調整の手段として長らく重要な役割を果たしてきたのが出向・転籍である。

　出向とは，従業員が出向元に在籍したまま，出向先の指揮命令の下で仕事をするという就業形態である。出向者が，出向元の籍から離脱して名実共に出向先の人間になることを**転籍**と言う。前者は**在籍出向**，後者は**転籍出向**とも呼ばれている。

図表8-1　企業グループと出向・転籍

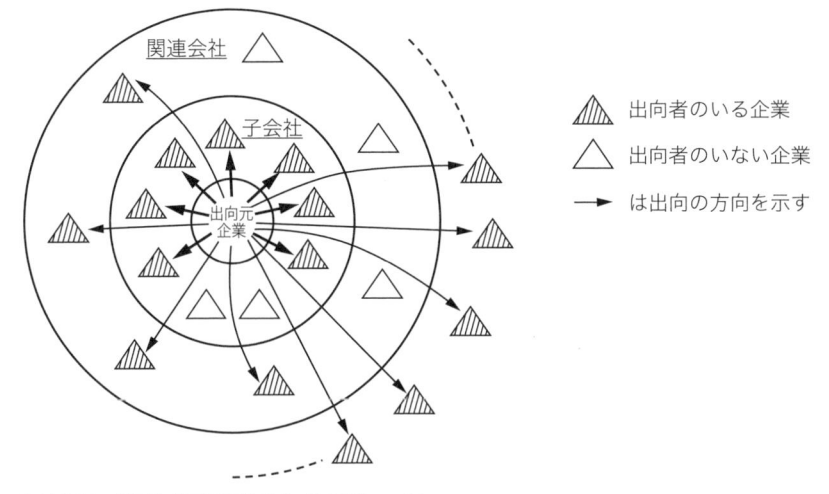

資料出所：高年齢者雇用開発協会（1985），p.81。

　稲上（2002）によれば，出向・転籍の起源は戦前にまで遡るが，それが急速
に広まるのは，1960年代以降である。経営多角化に伴う特定部門の分離・独立
等による企業グループの拡大によって，経営指導・技術指導のための出向が必
要になったからである。しかし，第一次オイルショック以降は余剰人員の解消
（即ち「雇用調整」）を目的とした出向・転籍が目立つようになった。また1980
年代以降は，定年延長に伴う中高年齢者雇用対策として出向・転籍がフル稼働
したことは，先に述べた通りである。この時期出向・転籍先は，7 割以上が企
業グループ内に限られており（高年齢者雇用開発協会，1985），ほぼ「出向・転
籍＝企業グループ内人事異動」だったのである（図表8-1参照）。

　こうした企業グループ内の出向・転籍は，「準企業内労働市場」（高年齢者雇
用開発協会，1983），「中間労働市場」（伊丹・松永，1985），「広域人事異動」（雇
用職業総合研究所，1987），「終身雇用圏」（稲上，2002）等さまざまな名称を冠
せられてきたが，一言で言えばその評価は，「失業を経ない労働移動」という点
で極めて肯定的なものだった。解雇であれ早期退職であれ，企業を離れた者は
少なくとも一時的には失業者にならざるを得ない。しかし出向・転籍者は半ば

人事権によって，あたかも社内で部門を超えて異動するのと同じように親企業から関連企業に移動する。その結果，「頭数による労働投入量の調整」と「雇用機会の確保」という相矛盾する2つの命題が，同時に達成され得るのである。

　出向・転籍には今一つ，長所が存在する。繰り返し述べたように，早期退職優遇制度は，誰が辞めるか，何人辞めるかについて，企業側に選択権が存在しないという問題をはらんでいる。他方，出向・転籍では「準」企業内労働市場という名称からも明らかなように，半ば人事権によって移動が行われるので，企業側にとってどうしても必要な人間を失う，必要以上に人員が減少してしまう，という問題を回避できるのである。

　反面，以上述べたことは，あくまで「出向させる側の論理」であり，出向・転籍が企業グループ内人事異動として半ば人事権によって行われるとすれば，どうしても不要な人員の押し付けが行われてしまう。しかも「出向先」水準と「出向元」水準の差額は出向元が「出向料」という形で負担するのが一般的だとしても，出向先企業は，自社の水準までは人件費を負担しなければならない。その結果，出向者が増大すれば「人件費」倒産を引き起こすことになりかねない。企業グループ内の出向・転籍について考える場合，出向先が出向者の選定にどこまで関与し，親企業の人選にどこまで「拒否権」を行使できるかが重要であろう。

アウトプレースメント

　最後に，**アウトプレースメント**について言及しよう。アウトプレースメントは，**再就職支援**と訳されることが多いが，より直截な表現を用いれば「雇用調整の請負業」である。一口に「再就職支援」と言っても，サービス内容は価格によってさまざまだが，企業が再就職支援の会社と契約を結び，自社では活躍の余地が乏しい従業員と雇用契約を継続して給料を支払いながら，実際は再就職支援会社でカウンセリングを受けさせ，再就職に際しての履歴書の書き方，面接の受け方等を支援するというのが一般的なサービスである。さらにアフターサービスとして，転職先に適応するための助言や，再就職後の各種相談に応じているところもある。この場合，アウトプレースメント会社に支払うコストは企業が負担する。即ち，アウトプレースメントとは，企業が従業員に行う

「最後のサービス」に他ならないのである。

　ところで企業が再就職支援会社と契約するインセンティブは明らかとして，逆に企業がアウトプレースメント会社経由で人材を受け入れるインセンティブはどこにあるのだろう。アウトプレースメント会社を経由した労働移動は出向・転籍とは異なり，受け入れ企業と送り出し企業が資本系列関係にはないので，受け入れを「拒否」することは出向・転籍に比べてはるかに容易だからである。

　これはあくまでも筆者の想像であるが，新規学卒者の労働市場やヘッド・ハンティングの労働市場が「人材のプライマリー・マーケット」とするなら，アウトプレースメントは「人材のセカンダリー・マーケット」である。これは労働市場に限ったことではないが，市場がプライマリー・マーケットとセカンダリー・マーケットに分かれているのは，互いに競争相手が異なり，その結果価格も異なるからである。要するにアウトプレースメントというマーケットを活用することによって，企業はそれなりの職業経験を有する人材を安く雇用できる，アウトプレースメントが使われる最大の理由は，この点にあると言えるだろう。

＜注＞

(1)　この節の記述は，八代（充）（2003a）に大幅な加筆・修正を施したものである。

(2)　定年制の是非に関する議論については佐野・宮本・八代編（1999），玄田（2001），清家（2000）などを参照されたい。

(3)　櫻庭（2009）によれば，アメリカでも年齢差別禁止法が制定された際，定年制を撤廃すると解雇の必要性が生じ，却って雇用を不安定化させるのではないか，或いは逆に若年者の雇用を妨げるのではないかということが懸念されていた。

　　　またEUでも年齢差別禁止を加盟国に求める指令を2000年に採択しているが，この指令は年齢差別規制に関して広く例外を設けており，特に定年制についてはフランス，ドイツ，イギリス等例外として許容する国が多くなっている。

(4)　実際，継続雇用者の勤務形態を見ると，（企業調査）「フルタイム」が89.1％と圧倒的だが「フルタイムより勤務日数が少なく，1日の勤務時間は同じ」（26.3％），「フルタイムと勤務日数は同じで，1日の勤務時間が短い」（22.2％），さらには「フルタイムより勤務日数が少なく，1勤務時間も短い」（18.7％）であり，複数の勤務形態が存在するのである（労働政策研究・研修機構，2007）。

(5)　労働政策研究・研修機構（2007）で継続雇用後の仕事の内容を見ると「通常，定年到達時の仕事内容を継続」が71.9％と大多数を占めている。

　他方継続雇用に伴う年収水準は,「定年到達時の年収とほぼ同程度」とした企業はわずかに6.5%, 圧倒的多数の企業では年収が低下している。「定年到達時の年収の8～9割程度」が14.8%,「定年到達時の年収の6～7割程度」44.4%,「定年到達時の年収の半分程度」になる企業も20.4%ある。

　2018年には, 職務内容と勤務場所が定年前と同じ再雇用労働者が会社に対して正社員と同等の賃金を請求した長澤運輸事件に関して, 最高裁の判断が下された。それによれば, 正社員と非正社員の待遇格差は必ずしも職務内容や転勤可能性だけで一律に決まるのではなく, その他の事情も考慮されるべきだと言う。

(6)　「逆選択」について詳細は, 中馬・樋口 (1997), 第5章を参照されたい。2013年4月から施行された改正高年齢者雇用安定法によって, 60歳定年以降の継続雇用に関して企業が対象者を選別することはできなくなった。このことは, 継続雇用が従業員の選択に委ねられることを意味しており, 早期退職優遇制度と同様, 逆選択が発生する可能性があることを示している。

(7)　この点は久保克行氏（現・早稲田大学商学学術院教授）から示唆を得た。記して御礼申し上げたい。

第 **9** 章

賃金・労働時間

　この章では，雇用と並び人的資源管理の2本柱である賃金，及び賃金と並んで労働条件の重要な側面である労働時間について取り上げよう。企業に雇用された労働者はその指揮命令の下で与えられた業務を遂行し，その対価として賃金を受け取る。言わば賃金は労働条件の「出口」であり，業務遂行の長さである労働時間は，その「入り口」なのである。

　まず賃金であるが，「売り上げ－コスト＝利益」という式では，賃金はコストに含まれる。即ち，企業にとっては賃金コストが少なければ少ないほど利益が増大する。企業が労使交渉の中で昇給を可能な限り抑制し，能力や成果に基づく賃金制度を常に指向するのは，こうした観点からすれば当然のことと言えよう。

　しかし，賃金は同時に労働意欲を引き出す重要な源泉でもある。賃金が低すぎて家計の維持に事欠くようであれば，充分な働きは期待できない。「衣食足りて礼節を知る」という言葉があるが，労働に対するインセンティブ（労働意欲を規定する要因）の基本は，まず賃金である。賃金が恣意的ではない客観的な基準に基づいて支払われているか，中長期的に自分の賃金がどのようになるかについての青写真が会社から提示されているか（例えば第3章で述べた生活保障賃金），こうした点は従業員の労働意欲に大きく影響するだろう。

　さらに賃金は，他の生産物や生産要素と同様，労働市場における労働需要側と労働供給側のバランスによって変動する，その意味で労働の「市場価格」でもある。こうした市場価格は，企業内労働市場や準企業内労働市場では個別企業や企業グループ内で決められる。ただし企業内市場や準企業内市場における賃金決定が外部労働市場とまったく無関係ではなく，初任給，つまり新規学卒

者の賃金は外部労働市場で決定される。これを**世間相場**と言う。最近は，新規学卒者以外の労働者については，職種ごとに賃金データを収集・公開している外資系コンサルティング会社が世間相場の担い手として重要になっている。この点は，第11章で述べることにしたい。

　賃金と並んで重要なのが，労働時間である。労働時間の第1の側面は，労働力の保全である。労働者が企業の指揮命令に服するのは当然としても，働かせすぎが労働者の身体や精神に悪影響を及ぼすのは明らかであろう。労働力というサービスを健全に活用し，その再生産を円滑にすること，これが労働力の保全である。

　労働時間の第2の側面は，コストである。労働時間は賃金と密接な関係にあり，月々の賃金が変わらないまま労働時間が短縮されれば，賃金引上げと同じことを意味するからである。従って従業員からすれば，時間短縮は賃上げと共に労働条件の改善であり（第8章で述べたワーク・シェアリングはその限りではない），他方企業側からすれば，時間短縮を行うためには，労働生産性の向上によって仕事の能率を高めることが不可欠である。

1　賃金管理

基本給，所定内給与，現金給与

　まず，ここでは，賃金に関するさまざまな用語を整理することにしよう。例えば，「賃金」という言葉とは別に，**人件費**という言葉が使われることもある。「人件費コストの削減」，「総額人件費」，といった具合である。これは企業が従業員を雇うことに伴い生じる費用が，必ずしも賃金だけではないからである。以下では，賃金を含めて，従業員の直接雇用に伴って生じる費用を**労働費用**と呼ぶことにしよう。

　では，労働費用の構成はどのようになっているのだろうか。図表9-1を参照して頂きたい。

　まず，最も基本的なものとしては**基本給**が挙げられる。基本給とは，正規従業員すべてに適用される賃金項目である。ただし，共通しているのはあくまでも「基本給」という項目であって，具体的な金額は従業員のさまざまな属性で

図表9-1　労働費用の構成

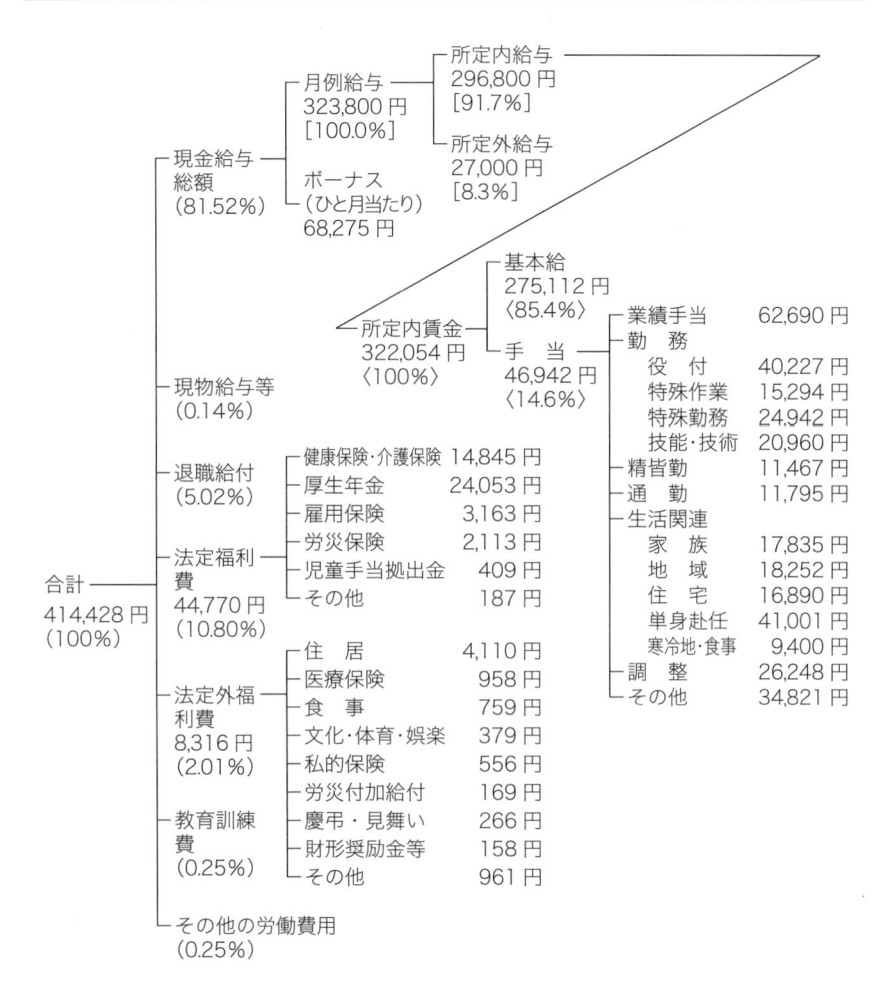

注：1）この図は，注4）に示されている調査を使って作成されているため，給与（賃金）額が必ずしも一致しない。

　　2）手当の内訳に示されている金額は，実際に支払われている場合の1人当たり金額である。

　　3）「賃金構造基本調査」は前年のボーナス額を記載しているため，ボーナスは「平成24年賃金構造基本調査」に示されている金額を用いて計算した。

　　4）合計の内訳は，厚生労働省「平成23年 就労条件総合調査」；所定内賃金の内訳は，「平成22年 就労条件総合調査」（2009年11月時点）；月例給与の内訳は，同「平成23年 賃金構造基本調査」；ボーナスは，「平成24年 賃金構造基本調査」。

資料出所：佐藤・藤村・八代（充）（2015），p.122。

異なっている。

　後に詳述するが，基本給は総労働費用の約50％を占めている。しかも，退職金や賞与などの算定にも使われている。したがって，それをどの様に決定するかは極めて重要である。

　基本給が正規従業員すべてに適用される賃金項目であるとすれば，従業員の属性によって適用の有無が異なる賃金項目が**諸手当**である。具体的には，**役職手当**は役職者のみ，**都市手当**は都市部居住者のみといった具合に，基本給では対応できないメリハリをつけることが意図されている。ただし，後述する退職金を算定する際は，こうした諸手当を含まない基本給に一定の係数を掛けるのが一般的であり，賃金にメリハリをつけることと共に将来的なコストの増加を抑制することも，企業が手当てを導入する目的である。

　基本給と諸手当を合わせたものを**所定内給与**と言う。所定内給与とは「所定内労働時間」，即ち就業規則で決められた労働時間である「所定労働時間」の中で実際に働いた労働時間（これを実労働時間と言う）に対応する賃金である。

　所定内給与が所定内労働時間に対するものであるとすれば，所定外労働時間（即ち，残業時間）に対して支払われるものが**所定外給与**である。後に述べるように，労働基準法は，（所定）労働時間を1日8時間，週40時間と定めている。これを超える所定外労働時間に対しては，従業員の健康を守るという観点から，企業に対するペナルティとして所定内給与の時間当たり賃金に25％割増率（休日出勤は35％）を乗じた金額を所定外給与として支払わなければならない。さらに，2010年に施行された改正労働基準法では，月60時間を超える所定外労働時間に対しては割増率が50％に引き上げられている[1]。

　ただし，ホワイトカラーの場合はどこまでが労働時間かが明確ではないので，所定労働時間を超える部分が必ずしもすべて所定外給与の対象となるわけではない。また従業員が職場の残業予算をおもんぱかって，「自主的」に残業時間の申告を調整するということもある。これが，一般に**サービス残業**と呼ばれるものである。

　さて，現在雇用契約を結んでいる給与所得者の多くが，毎月の賃金を現金ではなく銀行振込の形で受け取っているが，現金渡しであると銀行振込であるとを問わず，毎月の給料日には支払金額の詳細を記した給与明細が発行される。

これが**月例給与**，要するに所定内給与と所定外給与を合わせたものである。読者は，佐藤・藤村・八代（充）（2006）・第4章から給与明細の具体例を知ることができるだろう。

賞　　与

これまで述べたのは，所定内給与にしろ，（金額を別にすれば）所定外給与にしろ，すべて定期的に支払われるものだった。こうした「定期給与」に対して，制度上は「臨時給与」の性格を帯びているのが3月，6月，12月といった時期に支給される**賞与**である。3月に支払われる分は，会計年度の最後にあたるため**期末手当**という名称が一般的である。

理論的に考えると，基本給は労働力の市場価格に他ならない。もちろんこの場合，市場とは外部労働市場とは限らない。企業内労働市場，準企業内労働市場の場合もあるだろう。他方，「臨時」に支払われる賞与は会社の業績アップを従業員に還元するという「変動給」的性格が強いので，業績が思わしくなければ支払われないはずである。しかし，「臨時給与」である賞与も，実際は「定期給与」化している場合がほとんどであり，「（基本給）×（支給月）」は固定，経営と労働組合の交渉事項であるプラスαの部分のみに業績が加味されている。

福利厚生

月例給与と賞与を合わせたものが**現金給与**であり，総労働費用の約8割を占めている。労働費用の残り2割を占めるのは，福利厚生である。

このうち約半分は，**法定福利**と呼ばれるものである。「法定」とは法律で定められているという意味で，**健康保険**，**厚生年金**，**雇用保険**等の**社会保険**，といったものがこれに相当する。法定福利と混同してはならないのは，**法定外福利**である。「法定外」とは，法律で定められていないということ，つまりやるやらないの判断は，個々の企業の裁量に委ねられている。法定外福利に含まれるものとしては，**退職一時金**，**企業年金**，**社宅**，各種レクリエーション，などがある。企業の90％以上に普及している退職金に関しても，制度を導入するかどうかはあくまで企業の裁量であり，定年年齢に達した従業員に退職金を支払わなくても，決して法律違反ではない。ただし一度退職金制度を導入して就業規則に規

定を設ける場合は，労働基準法によって，適用される労働者の範囲や支払いの時期に関する事項を決めなければならない。

　ところで企業が福利厚生にコストを掛けることは，理論的にはどのような形で説明できるだろうか。法定福利は法律で決められているものだから**法令順守**の観点から当然として，法定外福利の人的資源管理上の意義は何だろう。人的資源管理の目的が，「低労働費用達成＝労働生産性向上」であるとすれば，任意の福利厚生にコストを掛けることは，こうした人的資源管理の目的に逆行してはいないだろうか。

　この点は，第2章で述べた，労働生産性を規定する2つの要因から説明できるだろう。労働生産性を規定するのは，労働能力ももちろんであるが，労働意思が重要である。労働生産性向上のためには従業員の人間人格という側面に働きかけ，労働意思を企業にとって望ましい状態にすることが，労働能力を高めることと合わせて不可欠である。企業が労使関係を安定化させ，職場の人間関係を円滑にすることと共に従業員の福利厚生に配慮するのも，この点に理由があると言えるだろう。

　また，企業は製品市場で競争しているだけではなく，労働市場でも他社と競争している。仮に同業他社が積極的に福利厚生に取り組んでいる中でこの点に消極的な企業があれば，その企業の労働市場における人材調達能力が著しく低下するのは明らかである。

　それでは，退職金についてはどうか。確かに福利厚生には従業員の労働意思を望ましい状態にすることによって労働生産性の向上に寄与する，という意義がある。しかし，退職していく従業員に多額の金銭を一時金として支給することには，どのような意味があるのだろうか。

　これについては，第3章のゼロ利益賃金経路の議論を思い出して欲しい。企業が従業員の勤怠を管理するためには，彼らが一生懸命働くことが合理的であるような仕組みが必要であり，こうした仕組みが年齢・勤続によって賃金を引き上げていく年功賃金，さらに退職金や企業年金であった。同時に企業は，こうした仕組みの中で，人的投資を回収することが可能であった。要するに，退職金は，従業員と企業との長期的な関係を可能にするための「かすがい」であり，年功賃金や企業年金と並んで賃金後払いの重要な側面を担うものである。

退職金に人的投資を回収するための**長期勤続奨励**の側面があるのは，支給金額が勤続年数や，同じ勤続年数でも自己都合か会社都合かで異なることからもわかるだろう。ただし早期退職優遇制度が退職金の長期勤続奨励機能の逆用であるのは，第8章で述べた通りである。

　企業からすれば，退職する社員に一時金を支払うことは，最大利潤の獲得や労働生産性の向上といった企業目的とは，本来何の関係もない。しかしこれはマンションのアフター・ケアが物件を購入した際のお約束であるのと同様，従業員と企業とのお約束なのである。こうした約束を違えることは，労働市場において人材の獲得を著しく困難にするだろう。

　なお，かつては退職金を社内で積み立てる場合，税制上の優遇措置が講じられていたが，この制度は現在廃止されている。

総額賃金と個別賃金

　次に，労働費用の中で賃金について，総額賃金と個別賃金という側面から検討しよう。

　まず**総額賃金**とは企業が従業員に支払う賃金の総額であり，**賃金原資**とも呼ばれている。総額賃金を規定するのは，言うまでもなく支払能力である。

　まず，次の式を見て頂きたい。

総額賃金＝付加価値（売り上げ－（原価＋原料費））×労働分配率

　労働分配率を一定と仮定すれば，賃金総額は付加価値と比例することが望ましい。ただ，従業員の数を増やせば，売り上げが増えるから付加価値も増大するが，従業員数が増えているからコストも増大する。したがって重要なのは，より正確には，1人当たりの付加価値，**付加価値生産性**である。つまり，企業の支払い能力論とは，「総額賃金は付加価値生産性と比例すべき」ということに他ならないのである。付加価値生産性を規定する要因としては，①価格，②付加価値率，と共に③数量生産性（1人当たり物的生産性）が重要である[2]。

　しかし，いくら「ない袖は振れない」とは言え，支払い能力だけで総額賃金が決まるわけではない。自社の賃金が同業他社に比べて低ければ，この会社はそれだけ労働条件の面で見劣りすることになり，ベスト・タレントを定着させ

ることはおぼつかないだろう。労働市場である一定水準に収斂した賃金額を世間相場と言い，企業が総額賃金を決める際は，こうした世間相場の動向を無視することはできないのである。

他方**個別賃金**とは，総額賃金が一定のルールに従って配分された結果，個々人に支払われる賃金のことである。言わば総額賃金が賃金のマクロの側面であるとすれば，個別賃金はそのミクロの側面であると言えるだろう。一般に**賃金制度**と呼ばれているものは，こうした総額賃金から個別賃金への配分のルールを意味しており，具体的には**賃金表（賃金テーブル）**によって行われる。個人の賃金が，賃金表に従って増大することを**昇給**，賃金表そのものが書き換えられることによって増大することを**ベ・ア（ベース・アップの略）**と言う。

賃金表は，公正な賃金管理を行うためには不可欠である。賃金表がなければ従業員は自分の賃金がどのように決められているかがわからないし，企業は従業員に支払う賃金額の根拠を説明できないからである。賃金表に関しては図表3-4に記載があるが，より具体的イメージをつかみたい読者は，佐藤・藤村・八代（充）（2006，第4章）を参照されたい。

賃金制度の基本原則

先に総額賃金を個別賃金に配分するルールが賃金制度であり，賃金制度を体現するのが賃金表であると述べた。一般に，賃金制度が公正なものであるためには，次の3つの条件を満たしている必要がある[3]。

第1の原則は，**内的公正**である。内的公正とは，賃金は仕事の価値に応じて支払われるべきだというものである。しかし，「賃金は仕事の価値に応じて支払われるべき」というのは「言うは易し，行うは難し」である。内的公正の背後にあるのは，**同一労働同一賃金**，即ち同一労働に対しては性や国籍などにかかわらず同一賃金を支払うべきだという考え方である。しかし，そもそも何をもって同一労働とするかの判断は難しく，そのため何らかの代理指標が必要になった。それが「仕事（職務）」である。同じ仕事をしていれば，同一労働と言えるだろうというのである。

しかし考えてみると，企業内にまったく同じ仕事が果たして存在するのだろうか。会社に社長が2人いることは有り得ないだろうし，部に部長が2人いる

ことも考えにくい。とすれば，同一労働を追求するためには，異なる仕事の間の「購買力平価」，即ち何らかの尺度を通じて仕事の価値を測定することが必要になるだろう。

　かくして内的公正に関しては，同一労働同一賃金は**同一職務同一賃金**に，さらに**同一価値職務同一賃金**へと転換した。こうした同一価値職務同一賃金を体現しているのが，第5章で述べた職務等級制度である。

　第2の原則は，**外的公正**である。これは，同じ仕事であれば企業を超えて同じ賃金であるべきだというものである。さもなければ，低賃金企業から人材の流出が生じるからである。

　しかし難しいのは，果たして企業を超えてまったく同じ仕事が存在するかということである。確かに，「人事部長」，「経理課長」といった呼称の同じ仕事はあるだろう。しかし労働組合の力が強いか，事業部制を採用しているかによって，同じ人事部長，経理課長でも仕事の内容は当然異なっている。さらに，仮に企業を超えてまったく同じ仕事が存在したとしても，それが企業内キャリアの中でどのような位置づけにあるかは，企業毎に異なっている。そして日本の場合，賃金は個々の仕事に対してよりは，こうしたキャリアに対して支払うのが現実であり，第3章で特殊訓練の例示としてジョブ・ローテーションを挙げたのは，こうした意味に他ならないのである。

　第3の原則として，**個人間公正**が挙げられる。個人間公正とは，働きぶりによって賃金に差をつけるべきだというものである。これは，一見内的公正と矛盾するように見えるが，必ずしもそうではない。同じ仕事に従事していても，それは「同一労働」とは限らない。ある人は同じ仕事を精力的にこなす，他の者はほどほどに流す，この2人に同じ賃金を払えば人が易きに流れていくのは自明であろう。そうならないためには，働きぶりによって個人の賃金に差をつけるしかない。そのための方法が，第10章で述べる人事考課である。

賃金体系と賃金形態

　次に具体的な賃金制度，即ち賃金形態と賃金体系について説明しよう。

　まず**賃金形態**とは，賃金を出来高で支払うのか，あるいは時間で支払うのかというものである。今日一般的である時間払いを念頭に置くと，賃金形態は**時**

給，月給，年俸，の3つに分けられる（諸外国には**週給**という制度を有する国もある）。また，先に月例給与という言葉を使ったが，正確には月給と**日給月給**は異なるものである。前者の場合，欠勤を別にすれば，休日や休暇によって月の所定労働日よりも実際の労働日が少なくても賃金に影響しない。他方後者の場合は，欠勤はもちろん休日や休暇によって月例給与額は減少する。要するに，月給と日給月給の違いは，前者が「月極めの給与」であるのに対して，後者はあくまで日給，たまさか支給日を月1回にしているという点にあると言えるだろう。

　賃金形態と混同しやすいのが，**賃金体系**である。賃金体系とは，基本給がどのような要素で構成されているか，およびその算定方法である。一般に基本給の決定要素としては，①仕事や能力に関係なく，年齢で一律に支払われる**年齢給**，②仕事や能力に関係なく，勤続で一律に支払われる**勤続給**，③従業員の職務遂行能力によって支払われる**職能給**，④職務評価によって職務の相対価値を決定し，複数の職務を職級に括り，職級ごとに一定の賃率を決める**職務給**，の4つがある（職能給，職務給を合わせて，**仕事給**という括りをする場合がある）。さらに最近は，職務給に属人的要素を織り込んだ**役割給**と呼ばれる物を導入する企業もある。基本給がこれらのうちもっぱら1つで構成されている場合を**単一型**，複数である場合を**並存型**と言う。また職能給，職務給に関しては同一資格・等級なら同一賃金の**シングル・レート**と，同一資格同一等級であっても人事考課によって差が生じる**レンジ・レート**があるが，個人間公正の原則に従って，レンジ・レートを採る企業が多くなっている。第3章で述べたように，職能給＝ヒト基準，職務給＝仕事基準，と言えるだろう。

　これまで述べた賃金体系を構成するさまざまな要素は，賃金管理の原理原則を体現したものである。例えば年齢給，勤続給は戦後の復興過程で生活保障を重視した**年功主義**を体現しており，賃金表も昇給を前提にした**積み上げ方式**を採る企業が少なくなかった。

　しかしこうした純粋年功主義は，高度成長期後半の人手不足や資本自由化によって困難になり，**能力主義**に移行していく。第3章で述べた「年の功」型年功賃金は，「年と功」型に変貌したのである。こうした能力主義を体現したのが職能給であり，賃金表は昇給を前提にした積み上げ方式から，降給もあり得る

絶対額方式を採るところが多くなっている。

　さらに1990年代後半，バブル経済の崩壊以降は個人の短期的成果に基づいて従業員の処遇を決定するという，成果主義に基づいて賃金を決定する企業も少なくない。成果主義については，この後で詳しく検討しよう。

職務給 vs. 職能給

　さて，基本給決定の「2大勢力」である職務給と職能給であるが，各々に特徴がある。

　まず，配置・異動という観点からすると，職能給では職務上の降格は必ずしも賃金の下方移動にはつながらない。したがって，適材適所の人事異動が仕事価値によって制約されるという問題は回避できる。しかし職務給の場合も，賃金が配置によって影響される以上，人事担当者は自らの立案した人事異動が本当に適材適所であるかを常に自問せざるを得ない。その結果，賃金が変わらないということも当然あるだろう。

　次に，賃金と生産性の均衡という視点で見ると，職能給は第3章で述べた賃金と生産性の長期的な均衡には適している。入社後一定期間は「将来の能力向上可能性」に対して賃金を支払い，定年間近の時期においては「過去の能力の積み上げ」に対して賃金を支払うことができるからである。職務給の場合，「将来」や「過去」ではなく，現在の役割に対して賃金を支払うわけだから長期的な均衡には不向き，逆に外部労働市場から「時価」で即戦力を調達する際には効力を発揮すると言えるだろう。

　最後に従業員のモチベーションという点では，職能給は上位の役職に空席がなくても能力の向上が認定されれば賃金を引き上げることができるので，従業員のモチベーションを維持する上では都合がよい。ただし職能給のこうした運用は，必然的に人件費を増大させ，かつ下方硬直的なものにしてしまう。したがって，人件費を変動化したい場合は，職務給のほうが都合がよい。なぜなら「能力」が下がったことを立証することよりも「仕事の価値」が変わったことを説明するほうが，はるかに容易だからである[4]。

　以上明らかな様に，職能資格制度と職務給を論じる際は，単にコスト面を見るだけでは充分ではない。確かに職能資格制度は，コスト面で問題があること

は否定できない。反面仕事と賃金の関係が1対1対応ではないので，配置・異動の柔軟性を確保することは容易であり，モチベーションの維持や能力開発に貢献するところが大きい。他方職務給はコスト面では優れているが仕事と賃金の対応関係が配置・異動面での制約を多くしている。今後も企業が長期雇用の大枠を維持するのであれば，配置・異動の柔軟性や能力開発は不可欠であり，したがって，職能資格制度を全く捨て去るのは不可能である。

　また企業が職能資格制度か職務給のどちらを選択するかは，社会を構成する成員の規範意識に依存すると考えることも可能である。能力（＝年齢・勤続）に従って従業員の賃金を引き上げるのが当然であるという意識が強ければ，職能資格制度を存続させることこそが利益の源泉となるだろう。

　ところで，職能給も職務給も企業内労働市場における賃金制度である。職務給を**仕事の企業内価値**とすれば，**仕事の市場価値**，外部労働市場の賃金制度に対応するのがウェイジ・サーベイである。ウェイジ・サーベイとは，コンサルタント会社が行う賃金調査であり，自社の賃金水準と他社のそれとを比較することができる。ウェイジ・サーベイに参加する理由としては，①ベスト・タレントを定着させるための労働条件の探索，②自社の労働条件が市場賃金に適合的か否かの検証，③公刊データとの比較による相場観の醸成，といった点が挙げられるだろう。

成果主義管理の是非[5]

　1960年代の高度成長期後半以降，能力主義管理を標榜する企業が増大したのと同様に，1990年代後半のバブル経済以降，少なくない企業が**成果主義**という考え方に基づいて賃金制度の変更を行った。

　もっとも，市場経済で競争している企業が「成果」を問わないはずがない。「すべての企業は成果主義」これは疑う余地のない公理であり，これまで是非が問われてきたのは「成果主義」ではなく，「個人の短期的成果」に基づき従業員の処遇が決められる**成果中心主義**であると言えるだろう。こうした成果中心主義に基づく人事制度は，①職務給（成果を問うためには，役割を特定化しなければならない），②目標管理制度（与えられた役割に対して具体的目標を設定し，目標の達成度を成果と定義する），③年俸制（1年間の実績に基づきあらかじめ

次年度の年俸を決定できる），④賞与（投資銀行では基本給のウェイトは極端に低く，基本給は年功賃金に近い賃金体系を採る一方で，賞与の金額は個人間で何倍何十倍という開きがある），といったものが挙げられる。

それでは，成果中心主義が求められる（求められた）理由とは一体何か。第1は，総労働費用の増大である。第5章で述べたように，職能資格制度の運用によって，管理職相当の能力を持ち，彼らと同等の処遇を受けながらポストに就かない役職に就かない管理職が増大した。しかも従業員の高齢化の進行によって，総労働費用の増大に拍車が掛かった。即ち，成果主義はまず総労働費用抑制の手段として登場したのである。

第2の理由は，役割格差に見合わない賃金である。従業員の高齢化によって，管理職層は少数の「役職に就いている管理職」と多くの「役職に就かない管理職」という構成になった。しかし，その処遇は，職能資格制度の下では基本的に資格で決められる。これが不公平感を生み出すことは想像に難くないだろう。

また，先に述べたように職能資格制度は企業内労働市場の賃金決定の仕組みであり，外部労働市場からの人材獲得には適していない。外部労働市場の企業内労働市場を接合して，ベスト・タレントを獲得する，これが成果主義の求められる第3の理由と言えるだろう。

しかし成果主義管理には，次の問題があることも事実である。まず第1に，そもそも成果を測定することは可能なのだろうか。成果をすべて客観的に測定することができるなら，そうした仕事は組織に留めておく必要性がないのではないだろうか[6]。

第2点は，「能力」が自己研鑽で向上可能であり，自己責任に帰すべき部分も多分にあるのに対して，成果はその多くをマクロの経済状況や市場の成熟度といった外部環境に依存している。しかも，従業員はこうした環境を自分で選択しているわけではなく，決定はもっぱら企業によって行われているのである。

第3点は，成果の測定単位である。「個人の短期的成果」を追求するのに汲々としすぎるあまり，職場で協業や助け合いといったことがなくなってしまえば，元も子もない。しかし，評価の単位を広く設定すれば，今度はフリーライダーが出現するのは目に見えているだろう。

第4点として，第10章でも述べるが，目標管理制度には上司が部下の仕事を

充分把握していないと，部下が意図的に低い目標を設定して達成度を操作するという機会主義的行動を取りかねない。したがって，目標の達成度だけでなく目標の難易度も重要になるが，上司が部下の仕事を把握していなければうまくいかないのは同じである。

　最後になるが，労働費用は企業の総費用の中でどの程度の割合を占めているのだろうか。成果中心主義を導入して血眼になって人件費を削減して，一体どの程度コスト削減に貢献しているのだろうか。企業にとって，無駄なコストを削減することが必要なのは当然であるが，「削りやすいところから削る」のであれば問題であろう。

　以上述べたように，成果中心主義にはさまざまな問題が存在する。しかし最初に述べた理由で，どうしても成果中心主義を導入する必要がある企業もあるだろう。こうした企業が最低限配慮しなければならないのは，次の3点である。

　まず第1点は，成果を評価すべき管理職についてである。仮に「成果＝目標の達成度」としても，具体的な達成度合いを評価するのは容易ではなく，これは優れて管理職の力量如何にかかっている。とすれば，成果中心主義で必要なのは，「成果とは何か」という不毛な議論に時間を費やすのではなく，「それは管理職の判断次第」とする一方，成果を適切に評価できない管理職を「淘汰」する仕組み，例えば第10章で述べる多面評価制度を導入することだろう。

　第2点は，仕事の選択である。第7章で述べたように成果によって従業員の格差をつけることが不可避であるとすれば，従業員の納得性を高めるためには自分で仕事を選択できるようにして，その仕事に対して成果を問われるという仕組みをつくる必要があるだろう。

　最後に第3点として挙げられるのは，人事制度である。職能資格制度の職能給で基本給の大半が決められていた時代ですら，「役職手当」という擬似職務給が存在した。そのことを考えれば，成果中心主義の企業でも，従業員の配置・異動やモチベーションに配慮して職能給要素を存続させることが不可欠だろう。

　ところで，これまで述べた成果主義の是非に関する議論を管理職層に即して考えるとどの様になるだろうか。職能給の大義名分は従業員の動機づけであり，能力開発である。しかし，管理職とは自らが蓄積した能力で会社に貢献してこその管理職である，年齢や勤続年数に従った昇給なくしては働かない者は管理

職ではない，管理職たる者，自分で稼いで自分の腕で賃金を上げるべきだろう，この様に考えると，非管理職では納得的な職能給も管理職に適用する大義名分は乏しいと言わざるを得ない。

　この点，管理職層と非管理職層で賃金制度を「分割」する企業が近年増大している。日本生産性本部 (2016) によれば，非管理職層の賃金制度としては，「職能給」82.7％，「役割・職務給」56.4％と職能給が多いが，管理職層は「役割・職務給」74.4％，「職能給」66.9％と仕事基準の賃金を導入する企業が多くなっている。

　また小林・山本 (2012) によれば，「ステイタス管理職（本書で言う『役職に就かない管理職』)」の有無を管理職層の賃金制度で比べると，「職能給」の企業では79％なのに対して，「職務・役割給」では62％と，仕事基準の賃金の方が「ステイタス管理職」がいる企業が少なくなっている。職務給と役職に就かない管理職の因果関係は定かでないが，職能給が役職に就かない管理職の温床であるのは間違いないだろう。

2　労働時間管理

労働生産性と労働時間

　次に労働時間管理に話を移そう。労働時間管理は，人的資源管理の直接的目的である労働生産性と密接に関連している。例えば1時間に10個の物を生産していたのが，15個生産できるようになったとしよう。労働生産性は50％アップ，逆に言えば10個の物をつくるのに必要な時間は「1時間×10/15＝40分」に短縮されている。つまり労働生産性の向上は，従業員数を所与とすれば労働時間の短縮をもたらすのである。「従業員数を所与とすれば」と述べたのは，企業は労働生産性の向上を労働時間の短縮ではなく従業員数の削減という形で行うこともできるからである。しかし，これにはもう1つの前提がある。つまり，生産量が変わらないというものである。仮に生産量が増大すれば，労働時間を短縮しながら従業員の雇用を維持・増大することも可能であろう。

　また先に述べたように，労働時間は賃金とも密接に関係している。労働生産性が向上すれば，労働時間を短くしてもコストアップにはならない。賃金を上

げることと所定労働時間を短縮することは，共に時間当たり賃金率の引き上げにつながるからである。ただし「労働時間の短縮→時間当たり賃金の上昇」は，賃金形態が月給制になっていることがその前提である。仮に，賃金形態が前節で説明した日給月給であれば，時間短縮に比例して基本給も低下するのでコストアップは生じないのである。

　以下では，賃金の場合と同様，まず労働時間に関する基本的な概念について確認したい。

所定労働時間と所定内労働時間

　まず，**所定労働時間**について説明しよう。所定労働時間とは，就業規則で定められた労働時間である。即ち終業時間から始業時間を引き，さらにそこから休憩時間を差し引いたものである。就業規則とは労働条件や職場のルール，賞罰の規定などを定めており，労働基準法を個別の企業に適用したものである。常時10名以上の従業員を使用する企業は，就業規則を作成して労働基準監督に届け出ると共に，従業員が閲覧できるようにしなければならない。言わば，所定労働時間とは「制度としての労働時間」である。

　他方，**所定内労働時間**とは「制度としての労働時間」ではなく「個人が実際に働いた労働時間」である。個人が実際に働いた労働時間は，所定労働時間と同じとは限らない。欠勤もあれば休暇も取得する。それを「所定」労働時間から差し引いたものが，「所定内」労働時間である。このように，個人が実際に働いた労働時間を**実労働時間**と言う。

所定外労働時間と総実労働時間

　所定内労働時間が所定労働時間における実労働時間であるのに対して，**所定外労働時間**とは所定労働時間を超える部分についての実労働時間，一般的に**残業時間**と呼ばれるものである。労働基準法は，1日8時間，週40時間を**法定労働時間**の上限としているので，こうした法定労働時間の上限を超えて働かせる場合は，労働者の過半数を超える団体と協定を結ばなければならない。労働組合があれば，労働組合が過半数代表となるが，労働組合がない場合はそれに代わる従業員代表組織が過半数代表となる。こうした規定が，労働基準法の36条

で決められていることにちなんで，所定外労働時間に関する企業と過半数代表との協定を**36協定**と言う。

　ただし厳密に言うと，就業規則に定められた所定労働時間は通常は8時間よりも短いから，**法定外労働時間**と所定外労働時間とは同じものではない。したがって，所定労働時間を超えて8時間未満の部分は，「所定外」労働時間ではあるが「法定外」労働時間ではない。これを**法定内残業時間**と言うが，この部分に対しても所定外労働給与が支払われるのが一般的である。

　なお，36協定を締結すれば無制限に所定外労働が可能かと言えば，決してそうではない。1998年の労働基準法の改正によって1週15時間，1カ月45時間，1年360時間，といった制約の中で，所定外労働時間の限度を設定しなければならなくなっている。しかし，こうした上限を超えて行われた残業時間は，サービス残業になりかねない。したがって，総労働時間そのものを短縮することと共に「どこまでが労働時間かを把握するのが難しい」というホワイトカラー労働の特質と従来型労働時間管理との折り合いをつける必要がある。その試みが，一定の条件を満たしたホワイトカラーを労働時間管理の対象外とする**高度プロフェッショナル**である[7]。

　もっとも，労働基準法上の労働時間管理が適用されるのは，あくまでも**管理・監督的業務**に従事していない者である。したがって，管理・監督的業務に従事している者には労働基準法の労働時間管理の規定は適用されない（労働基準法がすべて適用されないということでは決してない）。問題なのは，「どのような業務が管理・監督的業務か」を客観的に提示するのが困難なため，その範囲が実態として個別企業の裁量で決められていること。その結果，所定外労働給与を「節約」するため意図的に管理職の範囲を広く設定するということが起こりかねないのである[8]。

総実労働時間，およびその短縮

　所定内労働時間と所定外労働時間を合わせたものが，**総実労働時間**である。確認すると，（所定労働時間）＋（所定外労働時間）－（（休暇）＋（欠勤）），である。**休暇**と**欠勤**は，労働に従事しないという意味では共通しているが，両者の違いは，労働に従事しないことが賃金の減少につながるかどうかにある。即ち，欠

勤はその時間に所定内給与の時間単価を乗じた金額が月例給与から差し引かれるが，休暇は「有給」であり，取得は賃金の減少につながらない。なお，労働に従事しないことが賃金の減少につながらないという点では休日も同様であるが，「休暇」と「休日」の違いは，前者が個人の申請に応じて個別に処理されるのに対して（例えば，「夏季特別休暇」は〇〇日間，7〜9月の間のみ有効，といった具合），後者は従業員が一律に労働義務を免除される，つまり，もともと所定労働時間から除外されているという点にある。したがって，日給月給ではない通常の月給制の下で休日が増加することは，「所定内労働時間の短縮＝所定内給与の時間単価の上昇」を意味している。

こうした休暇には，**特別休暇**と**年次有給休暇**の2つがある。特別休暇は，先に挙げた夏季休暇やお盆休暇，年末・年始の休暇，といったものである。他方，土曜・日曜，国民の祝日，会社の創立記念日などは休日扱いが一般的である。他方年次有給休暇は，6カ月勤務すると10日付与され，その後勤続に応じて付与日数が増加し，6年半で最高の20日となる。

日本の総労働時間は，高度成長期は労働生産性の向上によって趨勢的に減少した。しかし1970年代半ばから80年代半ばは停滞し，1987年は2,100時間を超えていたが，21世紀に入って2,000時間を切るまでになった。この間1987年の労働基準法改正によって，週法定労働時間は48時間から40時間に短縮された。ただし，近年の総労働時間の短縮は，労働時間の短い非正規労働者の増大によるところが大きい。一般に総労働時間の短縮には，①所定労働時間の短縮，②所定外労働時間の削減，**③有給休暇取得率**の向上，の3つのやり方があり，所定労働時間の短縮は，①1日の所定労働時間の短縮，②休日増による**労働日**の減少，の2つの側面に分けられる。過去20年間の総労働時間の短縮は，休日増と所定外労働時間の短縮で実現されたが，有給休暇の取得率に顕著な改善は見られなかった。

裁量労働制とは

先に総労働時間とその短縮について検討したが，1987年の労働基準法の改正では週の所定労働時間の短縮と共に労働時間の弾力化が行われた。以下では，労働時間の弾力化のさまざまな側面の中で，裁量労働制について検討すること

にしよう(9)。

　裁量労働制とは，労働時間を実労働時間ではなく**みなし労働時間**で管理するというものである。当初は研究所の研究職等専門業務型に限定されていたが，1998年の労働基準法の改正によって，2000年から適用対象がホワイトカラーの企画業務にも拡大された。これが**企画業務型裁量労働制**である。この点，社会経済生産性本部（2005）によれば，裁量労働制を導入している企業は専門業務型で19.0％，企画業務型で10.7％，となっている。

　裁量労働制が拡大したのは，文字通り「裁量的な仕事」即ち業務の遂行を上司の命令だけではなく，働く個人の裁量に委ねる仕事が増大していることが背景にある。従来，労働法制で主に想定されていたのは，工場労働に代表される「9時5時労働」である。工場労働ではラインのチームワークで仕事をしているので，仕事は一人でできないし，仕事の速度はラインのスピードによって決められる。もちろん，その日にやり残した仕事を自宅に持ち帰ることもできない。したがって，そこには**時間的な裁量性**や**空間的な裁量性**は存在しなかった。

　しかし近年は，業務の遂行に関して裁量性がある仕事，具体的には「どの程度の量を行うか」，「いつまでに行うか」，「どこで行うか」が働く側に委ねられる仕事が増大している。こうした仕事が増大した要因としては，IT化や組織のフラット化等の理由が指摘されているが，最も重要なのは，就業構造の変化によるホワイトカラー職種の増大であろう。

　例えば会社の仕事を家に持ち帰る**風呂敷残業**と呼ばれる行動が事務系ホワイトカラー職種に見られることは以前から指摘されているが，「会社の仕事を持ち帰ることができる」のは，「空間的裁量性」が存在するからに他ならない。**サテライト・オフィス**や，**在宅勤務**の対象となる仕事も同様である。また，彼らの仕事には工場労働とは異なり，業務遂行のペースや仕事の順位づけといった点で，一定の時間的裁量性も存在する。

　したがって，こうしたホワイトカラー職種の中で，特に研究開発など専門性の高い仕事や，事務系職種の中でも業務遂行に関して自立性の高い企画的な仕事に関しては労働時間管理の大原則であった「実労働時間」による管理から切り離して「みなし労働時間」によって管理する，それによって労働時間にとらわれない，より成果を重視した働き方を指向するというのが，労働基準法にお

ける裁量労働制の趣旨である。

まず，連合総合生活開発研究所（2000）を検討しよう。企画業務型裁量労働制が適用される以前に，企業の本社等に勤めるホワイトカラーに対して，当時の対象部門の中でこの制度がどの程度適用可能であるかを尋ねた貴重なものである。この調査は業務管理の裁量性を測定する代理指標として下記設問を取り上げ，1〜4の選択肢を指数化（まったく当てはまる＝1，やや当てはまる＝2，あまり当てはまらない＝3，まったく当てはまらない＝4）することによって裁量度を測定した。

1）「必要に応じて自分で仕事の手順や方法を変えられる」ことの程度。

2）「仕事を進める上で必要な権限が与えられている」ことの程度。

3）「基本的な方向について上司の同意を得れば，あとはほとんど自分で決めることができる」ことの程度。

また労働時間管理に関する裁量性を測定する代理指標として，下記の設問を取り上げ，1〜4の選択肢を指数化（まったく当てはまる＝1，やや当てはまる＝2，あまり当てはまらない＝3，まったく当てはまらない＝4）することによって裁量度を測定した。

1）「出退勤時間を自分の裁量で決められる」ことの程度。

2）「必要時に応じて自分で仕事のペースを変えられる」ことの程度。

そして，裁量労働制適用が潜在的には可能な「適用可能者」と，適用対象にはならない「適用除外者」で，上記業務管理に関する裁量性と労働時間管理に関する裁量性がどのように異なるかを検討した。

その結果，業務管理に関しては「適用可能者」のほうが「適用除外者」と比べ若干裁量性の程度が高いが，ただし大幅に高い水準にあるわけではないことがわかった。他方労働時間管理については，「適用可能者」と「適用除外者」の間にほとんど差はなかった。さらに，調査票の回答に基づいて，業務管理の裁量性と労働時間管理に関する裁量性の両方が高い者を算出した結果，適用可能者の1割に満たなかった。

裁量労働制の「外部効果」？

次に，裁量労働制導入後の2005年に企画業務型裁量労働に関して管理職に行

図表9-2　企画業務型裁量労働制適用者に占める「企画業務」の割合

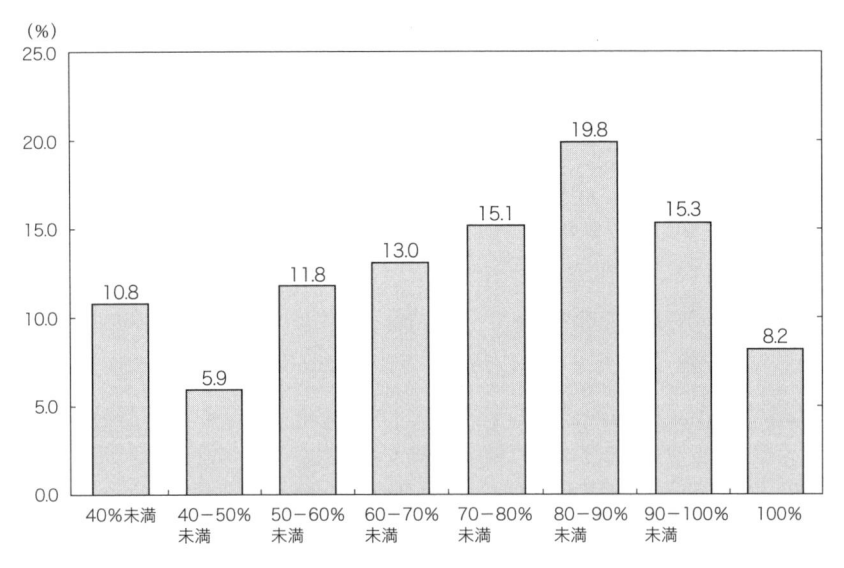

資料出所：社会経済生産性本部（2006），p.29。

われた郵送質問紙調査の結果である社会経済生産性本部（2006）を検討しよう。まず制度の運用状況について尋ねたところ，「かなりうまくいっている」（6.8％），「うまくいっている」（73.3％）を合わせると，80.1％の企業が肯定的評価をしている。職場の管理対象者に占める企画業務型適用者比率は43.6％，企画業務型該当者に占める適用者の比率は，93.1％と高くなっている。

　労働時間における裁量度は，出勤時間では88.5％，また退勤時間では90.4％とほとんどの職場で「対象者全員に裁量が認められている」。ただし，在宅勤務やテレワークを認める管理職は少数であり，65.3％が「認めておらず，今後も予定はない」と回答している。

　企画業務型裁量労働制の導入に伴う実労働時間の変化を尋ねた結果は，「変わらない」という回答が78.0％と大多数を占めていた。企画業務型裁量労働適用者が，担当業務全体のうち企画・立案・調査・分析にどの程度従事しているかを尋ねた結果「70-80％未満」（15.1％），「80-90％未満」（19.8％），「90-100％未満」（15.3％），「100％」（8.2％），となっており，適用者の業務に裁量労働制

に該当しない業務が一定割合含まれていることがわかる（図表9-2参照）。

　次に，適用者に対する仕事の指示方法を見ると，「業務の目的，目標や期限など基本的な事項を指示している」が64.9％に達しており，「基本的な事項について同意が得られれば，後はほとんど本人に任せている」は30.2％である。また，適用者の仕事の期限の設定については，「適用者が期限をすべて自ら決定している」は19.0％であり，「必ず適用者の意見を聴いて，ライン管理職が期限を決めている」が32.9％で，「仕事の緊急度に応じてライン管理職が決めるが，適用者からの意見を聴くように努めている」が42.7％に達していた。

　企画業務型裁量労働制が導入された理由としては，「創造的・自律的な仕事ができる環境整備」，「成果主義の浸透に向けて意識改革」が共に72.8％で最も多くなっている。

　ところで，企画業務型裁量労働制の適用者が出ると，そのことは職場の他の人員にどのような影響をもたらすだろうか。適用者が自己完結的に仕事をする

図表9-3　企画業務型裁量労働制適用者在籍職場における「外部効果」の有無

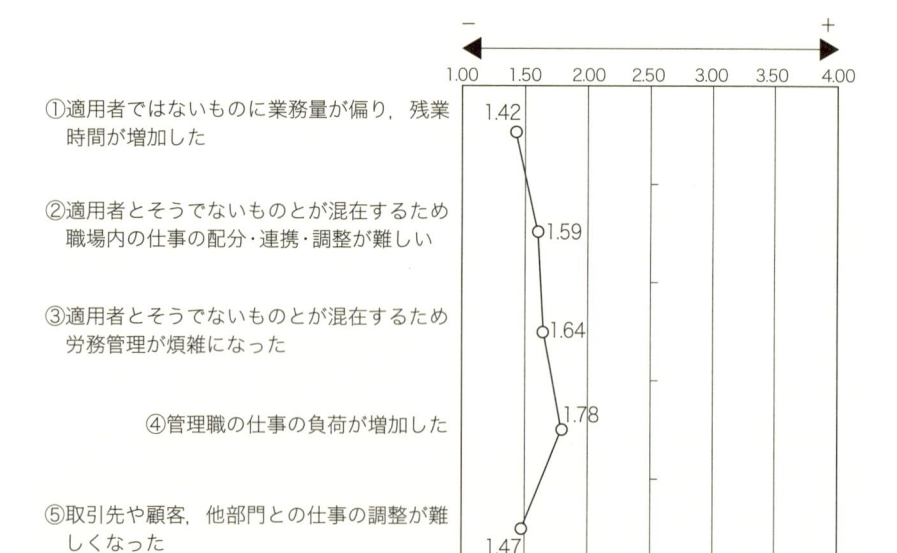

資料出所：社会経済生産性本部（2006），p.44。

のが可能になり，生産性が向上しているのか。あるいは逆に，適用者の退社時間が遅れることが他者の退社時間にも影響するといった，経済学で言う**外部効果**が生じているのだろうか。

　この点，管理職の意識を4段階で尋ねた結果（「4」が肯定，「1」が否定），その回答の平均は「成果や業績への意識が高まった」が3.09で最も高く，「効率的な仕事の進め方をするようになった」が2.90でこれに次いでいる。他方外部効果に関しては，「適用者ではないものに業務量が偏り，残業時間が増加した」が1.42，「適用者とそうでないものとが混在するため職場内の仕事の配分・連携・調整が難しい」が1.59，「管理職の仕事の負荷が増加した」が1.78などいずれも否定的であり，適用者の存在が外部効果を引き起こしていないことがわかる（図表9–3参照）。

雇用労働における裁量労働制

　ここから，企画業務型裁量労働制の導入に伴って，非適用者に仕事面でしわ寄せが生じるという「マイナスの外部効果」の存在は必ずしも確認されなかった。外部効果が生じる可能性があるのは裁量労働制適用者の業務が100％企画的なものであり，彼らが「非企画型業務」を一切行わず，非裁量労働制適用者が非企画型業務を行う場合である。その結果，例えば，企画業務型適用者の帰社の遅れが非適用者にしわ寄せされるといったことが起こるだろう。しかし，実際には企画業務比率から明らかなように企画業務型適用者も「非企画型業務」に従事している。即ち，企画業務型適用者の仕事の中では「企画業務」と「定型的非企画業務」とが渾然一体となっているのが実情である。その理由は，企画業務型裁量労働制があくまでも「雇用労働における裁量労働」だからである。本来企画業務型裁量労働制の適用者は企画業務に専念して，「非企画業務」は他の者の担当とすべきである。しかし，例えば出張伝票の処理など本来事務職社員が行うべきことも彼らの業務の繁忙度合いによっては臨機応変に自分自身で処理することが求められるのが，日本的な職場の業務分担である。

　また，企画業務型裁量労働制では，業務の進捗や勤務場所などの決定は本来個人に委ねられるべきだろう。しかし，実際は調査結果からも明らかなように，ライン管理職が適用者の仕事の進め方や仕事の期限について指示している場合

が少なくなかった。これは雇う側と雇われる側の指揮命令関係を前提とした雇用労働では，程度の差はあれ不可避であろう。

裁量労働制は，従来の労働時間に基づく管理から見れば成果主義を指向した自己完結的な業務遂行を前提にしている。しかし他方では，明確に区分けされた業務を担当して，企業との指揮命令関係が存在しない業務請負とは異なることが認識されなければならないだろう。

＜注＞

(1) ただし，中小企業に対しては2023年4月1日までは適用が猶予されている。

(2) 笹島（1995），p.33。

(3) 笹島（1995），p.26。

(4) もっとも，今述べたことはあくまでも理論上の話であり，「賃金を下げる」ことに対する抵抗感が強ければ，職務給でも賃金コストは下方硬直的になるだろう。例えば職務給でも等級が下がらないような異動しか行われなければ，一定水準の賃金が既得権化することになるからである。

(5) 以下の記述は，八代（充）（2003c）に依拠するところが大きい。

(6) フェファー（1998），p.220。

(7) 2019年4月施行の「働き方改革関連法」で創設された高度プロフェッショナル制度は，一定の年収条件を満たす者を残業手当や深夜業割増賃金の適用除外とするものである。

(8) この点，2008年には外食産業の店長が，労働基準法上の管理・監督者にあたるか否かという「名ばかり管理職」問題が，裁判などを通じて大きな問題となった。

(9) 以下の記述は，八代（充）（2006）に依拠するところが大きい。

コラム ②　　なくならない長時間残業

　日本には長時間残業のカルチャーがあり，残業は会社に強いられたものだと言われる。長時間残業の是正は政府が始めた「働き方改革」の重要なテーマであり，大手企業が労働基準法違反で送検されてもいる。しかし今日，従業員を酷使して疲弊させれば，企業は自ら首を絞めることになる。また従業員に長時間残業を受け入れるカルチャーがあるというのも，残業が「居残り」であるとすれば，俄かには首肯しがたい。長時間残業がなくならないのは，然るべき理由が存在するからではないだろうか。

　この点について，まず考えられるのは所得選好である。従業員が残業すれば，時間単価の25％，月60時間を超える残業では50％の割増賃金が支給される。これは，従業員からすれば残業に対する重要なインセンティブであろう。他方労働投入量の調整を従業員の頭数ではなく，労働時間で行うというのが雇用調整である。解雇規制の厳しい日本では，企業は景気が良くなるとまず残業時間を増やすことで対応し，景気が悪くなると残業時間を減らすことで対応する。残業時間は長期雇用のコストだが，この点は「強いられた残業」の温床になりかねない。しかも企業は将来の不確実性に備えて非正社員を増やし，容易に正社員を増やさない。これでは，「正社員の忙し過ぎ」は解決しない。せめて，正社員と非正社員の仕事分担の見直しや非正社員の正社員への登用を行うべきだろう。

　ところで，日本では労働基準法上，課長一歩手前まで残業手当が支給されるが，アメリカでは秘書や受付を除けばエグゼンプション（労働基準法の適用除外）である。ホワイトカラー労働は，職場にいるだけが労働時間ではない。日本でも，高度プロフェッショナル制度の導入に伴い，労働時間管理の緩和が期待されるところである。

　もちろん労働時間管理の緩和だけでは「残業タダ働き」になってしまう。そうならないためには，従業員が残業手当に依存する必要のない，十分な報酬を受け取ることが必要である。

　労働時間改革は，同時に賃金制度改革の問題でもあるのだ。

第 10 章

人事考課

1 人事考課の目的

人事考課とは

白井（1992）は，人事考課を「従業員の日常の勤務や実績を通じて，その能力や仕事ぶりを評価し，賃金，昇進，能力開発等の諸決定に役立てる手続き」と定義している[1]。

企業が従業員のモチベーションを高め，最大の労働生産性を引き出すためには，賃金や昇進といった，モチベーションに影響を与える要因をコントロールしなければならない。しかし従業員が現在よりも高いポスト，高い賃金を望むのは当然であるとしても，実際は人件費もポストも限りがある。従業員の際限のない要求に応えていくと，組織体は破綻の途を歩まざるを得ない。「昇進したいヒト」と「昇進させたいヒト」，「賃金を上げてもらいたい額」と「賃金を上げられる額」はすべからく別物であり，企業を含めたあらゆる組織はこうした「個人の論理」と「組織の論理」を如何に調整するかという問題に直面しているのである。

では企業は，何を基準にして限られたポストや賃金を従業員に配分しているのだろうか。それは古今東西，従業員の働きぶりの評価，即ち人事考課以外にはあり得ない。経営者が自分の好き嫌いで昇給や昇進を決めるような企業は，激しい企業競争を勝ち抜くことはおぼつかない。従業員の働きぶりをその処遇に反映させること，まずこれが人事考課の第1の側面である。

しかし人事考課をちょうど学校の「通信簿」にたとえるならば，その目的は貢献度の測定だけではない。通信簿が生徒に渡されるのは，強み・弱み，頑張っ

たこと・頑張りが足りないことを各人に伝えるという教育的配慮に基づいている。この点は人事考課についても同様，上司は評価の過程で従業員の強みや弱みを把握できるから，それを被評価者（評価される者のこと）にフィードバックすることによって働きぶりの改善を促すことができる。即ち，人事考課の第2の側面は，評価結果を公開することによって，人材育成の「お手伝い」をすることに他ならない。

　ところで，「ヒトがヒトを評価する」際には個人の主観から逃れることはできない。人事考課そのものは「労働力の合理的活用」という範疇に含まれるとしても，それを行うのは感情を持った人間だからである。

　しかし，ヒトの評価を行うのは，ヒト以外にはあり得ない。どんなにIT化が進んでも，あくまでそれは評価を行うための手段であり，ITがヒトを評価するわけでは決してない。従って，ヒトが介在することによって「主観的」性格を帯びざるを得ない評価という行為をどのようにして，より「客観的」なものに近づけるかが，企業の人事考課に限らず授業評価，果ては新聞の劇評までおよそありとあらゆるところで行われている評価という行為の最大かつ永遠の課題なのである。

調査結果に見る人事考課の目的

　企業は実際にどのような目的で人事考課を行っているのだろうか。関西経営者協会（1995）でこの点を見ると，「昇給」96.0％，「賞与」95.5％，「昇進・昇格」90.9％である。半面，「配置・異動」，「能力開発」は，それぞれ42.0％，45.5％，とあまり多くない。人事考課の主要な目的が，賃金や昇進・昇格といった経営資源の配分にあることがわかる（図表10-1参照）。

　それでは，なぜ人事考課は能力開発の手段としてはそれほど使われていないのだろうか。先に通信簿の例を挙げたが，通信簿が教育的価値を持ち得るのは，それが本人に渡される，即ち結果がフィードバックされるからである。しかし，実際は必ずしも多くの企業で考課結果がフィードバックされているわけではない。三和総合研究所（1995）によれば，フィードバックについては，「原則として知らせている」企業は34.8％であり，「場合によっては知らせることがある」19.4％，「原則として知らせていない」が45.4％と半数近くに達しており，公開

図表10-1　人事考課の目的

複数回答
（%），（　）内は実数

産業・規模	合　計	産　　業		規　　模		
		製造業	非製造業	1,000人 以上	999 〜300人	299人 以下
活用目的	100.0(176)	100.0(105)	100.0(71)	100.0(66)	100.0(53)	100.0(57)
昇給	96.0	96.2	95.8	93.9	100.0	94.7
賞与	95.5	96.2	94.4	93.9	100.0	93.0
昇進・昇格	90.9	89.5	93.0	100.0	96.2	75.4
配置・異動	42.0	41.0	43.7	56.1	37.7	29.8
能力開発	45.5	46.7	43.7	62.1	49.1	22.8
その他	1.1	1.0	1.4	1.5	1.9	–
無記入	1.1	1.9	–	–	–	3.5

資料出所：関西経営者協会 (1995)，p.14 に基づいて作成。

を前提にしている企業が少数派であるのが実情である。

　では，企業が人事考課を公開しない理由は何か。第１の理由は，後に述べるように企業は第１次評価，第２次評価といった形で評価を複数段階で行い，下位段階の評価は上位段階の評価によって修正されることがあり得る。そのため，どの段階の評価を公開するかが問題にならざるを得ない。第２点として，従来は同一年次の中で時間をかけて徐々に選抜していくやり方が一般的だったので，単年度の評価差はあまり大きなものではなかった，そのため公開する必要性もあまり大きくなかったことも挙げられるだろう。

　ただし，人事考課の公開によって上司は部下に対する説明責任を負うので，部下との衝突を回避するために，評価結果が全体的に上方に偏る傾向が生じる。しかし賃金原資や役職ポストは限られているので，その結果従業員に差をつけるための「ウラ評価」が行われて，かえって組織の明朗性が損なわれることもあると言う[2]。

　ここから，経営資源の配分（**選抜の論理**）と能力開発（**育成の論理**）という２つの目的のどちらを優先するかによって，考課結果を公開するか否かの対応も異なることがわかる。

人事考課の国際比較

　ここで，一旦日本を離れて，海外の情勢に目を転じてみよう。まず，ホワイトカラーに対して人事考課を行うことはあらゆる国に共通した点である。もちろん，その対象は能力，業績から成功者の行動特性を記述したものである**コンピテンシー**まで及び，評価の方法も，伝統的な上司による部下評価から多面評価まで多岐にわたっている。またホワイトカラー層に対しては，（主に「訴訟対策」の観点から）考課結果は本人にフィードバックされるのが通常である。

　しかし，ことブルーカラーに関しては事情が異なっている。例えばこの点について，人事考課を国際的に比較した藤村（1989）によれば，成績査定と賃金を直接に結びつける方式は，アジアの国々では普通だが，アメリカ，ヨーロッパではあまり見られない。ブルーカラーは労働組合員であり，アメリカやヨーロッパでは伝統的に労働組合の力が強くなっている。労働組合は企業に対して労働者の「集合体」として交渉に臨むが，人事考課は「経営による個々の労働者の分断」であり，組合の立場と基本的に相容れないと言えるだろう。

　では，日本でブルーカラーにも人事考課が行われているのはなぜか。1つの有力な説は「日本の労働組合＝『御用組合』」説である。日本の労働組合は企業ごとに組織された企業別組合であり，企業とは運命共同体である。従って産業別・職種別の労働組合に比べ主体性を発揮できず，企業に隷属せざるを得ないというのが，その言わんとするところである。

　他方，こうした通説にコペルニクス的転回を行ったのが，小池（1981），（2005）の**ブルーカラーのホワイトカラー化仮説**である。先に述べたように，人事考課の目的は，賃金や昇進などの経営資源の配分に際して従業員の貢献度を測定すること，言うなれば「差をつけること」にある。とすれば，日本でブルーカラーに人事考課が行われているのは，ブルーカラーの仕事の幅が広く，仕事の難易度にも差があるので，結果としての技量に差がつくからに他ならない。日本ではブルーカラーの年齢と賃金の対応関係がホワイトカラーと同様年功賃金型であるが，このことは日本でホワイトカラーだけでなくブルーカラーにも人事考課が行われていることに対応すると小池は述べている。

　またこの点に関連して，ブルーカラーに対する人事考課を一旦取り止めた企業が，労働組合の提案によってその復活を決めた事例が興味深い（藤村，1992）。

その背景には，仕事ぶりや技量の差を処遇に反映させてほしいという要望が労働者側に強くあったということである。

2 人事考課対象とそのプロセス

何を評価しているか

先に，人事考課は従業員の「能力」や「仕事ぶり」を評価していると述べたが，それは具体的には次の3つに分けられる。

まず第1は，**成果**である。本書の最初で述べたように，企業は市場経済の下で利潤の増大を求めて行動する経済主体である。とすれば，利潤の源泉である従業員の成果を問わない企業はあり得ない。そのような企業が競争で生き残るのはおぼつかない。第9章でも述べた様に，「あらゆる企業は成果主義」，これは議論の余地のない公理であろう。ただし，「成果主義」をめぐる近年の議論は，こうしたそもそも論では説明できない。この点は，先に見た通りである。

第2は，**能力**である。能力は，従業員が仕事の目的である成果を上げるために「保有」しているもの，即ちストックである。一般に「能力」と「成果」は別物と見なされ，より直截に言えば，「能力」は「年功」の温床と見られるのが一般的である。しかし「能力」が高い者は，現在「成果」を上げていなくても将来「成果」を上げる可能性がある。したがって，従業員の「成果」を高めるためには，まず「能力」開発によって従業員の能力を高める必要がある。即ち能力開発は，長期的観点から成果を向上させることに他ならないのである。

第3は仕事に対する**姿勢**であり，具体的には出勤等勤務態度を示している。ただしこの点が評価対象になるのは，新入社員等一部の従業員に限られている。

以上をまとめると，企業は「能力」（これを**能力評価**と言う）や「姿勢」（**情意評価**）によって従業員の仕事に取り組む過程を，「成果」（**業績評価**）によって仕事に取り組んだ「結果」を，それぞれ評価しているのである[3]。

なお，通常能力評価は年1回，情意評価と業績評価は年2回行われており，能力評価は月例給与の昇給や上位資格への昇格に，また情意評価や業績評価は賞与に，それぞれ反映されている。成果は短期的に変動するのに対して，能力は短期的には大きく変動しないというのが，その理由である。

考課のプロセスとその方法

　これまで，企業が何を評価しているかを見たが，次に人事考課はどのような形で行われているかを検討しよう[4]。

　まず言うまでもないが，人事考課を行うのは人事考課権を有するライン管理職である。従業員の仕事ぶりの評価は，日頃彼らと接している直属上司によって行われるのが，最も望ましいからである。本書で繰り返し述べている「人的資源管理を行うのはライン管理職である」という基本命題が，ここからも確認できる。しかし，人事考課が直属上司のみによって行われると，第5章で述べた「部門間の甘辛」という問題が発生する。また，こうした仕組みにおいては部下が上司を選べない以上，客観的には極めて有能な従業員が上司の誤った評価で能力がないと判断された場合は，それを是正する術が存在しない。これは，第5章で述べたように従業員の大半が新規学卒採用で採用され，年次で管理されているという条件の下では，不公正と言わざるを得ないのである。

　そこで企業（特に一定規模以上企業）は，人事考課を複数の段階で行っており，考課の段階で異なった考課方法が採られている（図表10-2, 10-3参照）。まず直属上司によって行われる**第1次考課**は，理論的には職能資格制度における各資格の要件を従業員が満たしているか否かを確認するために行われるので，育成の論理を反映して**絶対評価**で行われる。通常，能力評価の考課表は職能資格ごとに異なっており，下位の資格ほど知識面が，上位資格になるほど行動面・業績面が，それぞれ重視されている[5]。

　しかし，部門長によって行われる**第2次考課**や，人事部門によって行われる最終調整は，選抜の論理に基づいて**相対評価**で行われる。特に，少なからずの企業では人事部門が人事考課の調整に関与し，1次考課，2次考課の結果をさまざまな形で検証する。その結果，考課結果をライン管理職に照会し，考課結果の総体が人件費予算に収まるよう分布調整を行う，場合によっては考課結果を修正させる場合もある。

　以上述べたことは，主に能力評価を念頭に置いていた。業績評価の場合，評価の段階は能力評価と同じだが，評価方法は第1次考課から相対評価で行われる。また評価方法は，後に言及する目標管理制度によって行われるのが一般的である。

図表10-2　人事考課の段階

考課者 被考課者	一次考課者	二次考課者	調　整	承　認
非役職者 専任係長	課長職 ※監督職が意 　見具申	部長職 ※副部長職が 　意見具申	一次考課者 二次考課者 により調整	人事部長
係長職 専任課長補佐	課長職 ※監督補佐職 　が意見具申	部長職 ※副部長職が 　意見具申		人事部長
課長補佐職 専任課長	課長職	部長職 ※副部長職が 　意見具申		人事部長
課長職 専任副部長	部長職 ※副部長職が 　意見具申			考課役員会
副部長職 専任部長	部長職			考課役員会
部長職	本部長			考課役員会

資料出所：佐藤・藤村・八代（充）（2006），p.43。

図表10-3　人事考課の段階と考課方法

（%）

	実施率	相対	絶対
1 次評価	－	29.7	68.1
部門間調整	85.4	77.3	22.7
人事部門による最終調整	83.8	85.3	14.7

注：部門間調整，人事部門による最終調整は，調整を行っている企業
　　に占める割合
資料出所：三和総合研究所（1995），p. 8 。

人事考課の問題点

　これまで人事考課の目的やそのプロセスについて述べたが，では考課の問題
点としてはどのようなことが挙げられるだろうか。この点，労働省政策調査部

(1999) によれば (複数回答),「質の異なる仕事をする者への評価が難しい」(59.4％),「考課者訓練が不充分である」(54.0％),「考課基準が不明確または統一が難しい」(45.7％), 等が多くなっている。特に最後の点に関しては, 課長クラスの管理職が「項目別評価」と「総合評価」のどちらを先に記入しているかを尋ねた結果,「項目ごとの評価を積み上げて, 全体の評価を決める」という制度の趣旨に従って運用をしている者は63.7％であり,「まず全体の評価を決めてから, それに合わせて項目ごとの評価を決める」, 即ち「全体から逆算して項目評定の鉛筆を舐める」管理職が28.1％と3割近くもいることがわかった (日本労働研究機構, 1998a)。これまで人的資源管理は, トップ・マネジメント, 人事部門, ライン管理職による分業によって行われていることを繰り返し述べたが, こと人事考課に関しては, 制度と運用の乖離が大きいことが明らかである。

　こうした「制度」と「運用」の乖離をもたらす要因としては, 以下の3つが考えられる。第1は, 考課者訓練が充分行われていないことである。日本労働研究機構 (1998a) によれば, 課長クラスの管理職に考課者訓練が行われる時期を尋ねた結果「評価する立場に昇進したとき」が72.1％で最も多く,「何年かおきに定期的に行われる」と答えた者は5.7％にすぎない。

　第2点として挙げられるのは, 人事考課というライン管理職の仕事に適性を欠いた者がポストに任用されていることである。例えば「部下の管理には長けているが, 本来業務には長けていない者」と「本来業務には長けているが, 部下の管理には長けていない者」という2つのタイプがあるとして, ではどちらがライン管理職に任用されやすいかというと, 恐らく後者なのではないだろうか。その結果, 本来前者のタイプが登用されれば防げるであろう (考課者訓練では解決できない), 本質的な問題が起こり得ると言えるだろう。

　さらに第3点は, 制度の企画を担当している人事部門と運用責任者であるライン管理職の意思疎通が充分なされていないことである。人事制度は本来従業員の適材適所を実現し, また彼らのモチベーションを高めるために構築されるべきである。しかし実際には, 人事制度が人事担当者の「自己満足」や彼ら自身の成果の証として導入されることが稀ではない。

　なぜ, こうしたことが起こるかと言うと, 評価制度の「精緻化」によって評価の「精度」を上げられるという「信仰」があるからである。特に昨今は, 従

業員の処遇に差をつけるためにはこれまで以上に企業側の**説明責任**が必要になる。その結果，昇給評価，昇格評価，賞与評価などが踵を接して導入されるが，評価制度の精緻化によって，ある程度は評価の精度を上げられるとしても，程度を超えた精緻化はコストがかさむだけで追加的効果は見込めない。しかも，少数精鋭化によってライン管理職のプレイング・マネジャー化が進んでおり，彼らは必ずしも新しい制度を充分咀嚼しているとは限らない。

　その結果，制度の運用が本来の趣旨とは乖離していく，結果としてライン管理職の間に「やらされている意識」だけが堆積していくことは想像に難くない。こうした問題を解決するためには（また，こうした問題が起こらないようにするためには），第5章で述べた人事部門における企画ラインと制度運用ラインとの対話と同様，人事部門とライン管理職との対話が不可欠であろう。

　最後に，古くから人事考課の普遍的且つ重要な問題として指摘されているのが，**評価の中心化傾向，寛大化傾向**である。評価者は被評価者に対して厳しい評定をつけ辛いもの，これは洋の東西を問わないことである。しかし評価者は，人事部門に決められるか部門に決められるかは別として，評定に関して一定の分布（A・・○％，B・・×％）を形成する必要があるので，やみくもに甘い評価ばかりを増やすわけにもいかない。そこで一番良い評価と一番悪い評価は申し分け程度，後は真ん中に寄せて事足れりとする管理職が少なくない。これが，寛大化，中心化と呼ばれる現象の実体である。

　しかし，こうした中心化傾向には，日本的な事情が存在することも事実である。日本の企業では，管理職の人事異動に際して部下の評価を前任者から引き継ぐのが一般的である。ある特定の部下の評価が，前任者はAだったとしよう。すると，後任者がその部下の評定でCをつけることは憚られる。なぜなら，もし彼の後任者が再度その部下にA（或いはB）の評定をつければ，Cをつけた中間の上司は管理職として無能の烙印を押されるからである。管理職がこうしたリスクを負わない様に行動するとすれば，最初の上司から良い（悪い）評定を引き継いだ上司は，それに追随する（或いはせいぜい1ランク変動させる）ことにならざるを得ない。その結果，管理者に分布が課せられていたとしても，最終的な分布の形成は人事部門によって担われざるを得ないのである。

3　新しい評価制度

　これまで，人事考課のさまざまな側面について見たが，最後に評価制度の新しい潮流について展望しよう。

目標管理制度

　目標管理制度とは，期首に上司と部下とでその期の業務目標を設定し，期末にどの程度目標が達成されたかを評価する「目標の達成度評価」である。厚生労働省大臣官房統計情報部編（2002）で見ると50.0％の企業が目標管理制度を導入している。

　目標管理制度は目標というものが比較的短期を念頭に置いて設定されるため，第1に，成果を対象にした業績評価の手段として使われている。目標の達成度そのものは絶対基準であるが，この場合は相対評価で達成度の高い者ほど評価が高くなる。

　しかしこの制度の今一つの用途は，目標を与えることによって従業員の人材育成を行うことであり，その場合評価は絶対評価である。即ち，同じ制度であっても「選抜の論理」によって運用されるか「育成の論理」によって運用されるかによって，評価方法は異なると言えるだろう。

　ところで，個々の従業員の業務目標は各部門が策定した部門の業務目標に基づいて決められるので，「上司と部下との話し合い」とは言っても，目標設定のイニシアティヴを有しているのは本来上司の側である。しかし，実際には部下の申告がそのまま個人の目標になるケースが少なからず存在する（日本労働研究機構，1998a）。その結果部下は「目標達成度を上げるために意図的に低い目標を設定する」という**機会主義的行動**をとりかねない。

　こうした問題が生じないように，目標管理制度の運用は「目標の達成度×目標の難易度」，つまり目標達成度が高くても目標の難易度の低い場合は同じ達成度で難易度が高い場合に比べて評価が高くならないようになっている[6]。しかし，こうした制度の趣旨に即した運用が行われるためには，上司であるライン管理職が部下の業務目標の難易度を正しく判断できなければならない。その意

味で，目標管理制度が有効に機能するか否かは，優れてライン管理職の力量に依存するところが大きいのである。

多面評価制度とは

ところでこれまでの評価制度は，成果であれ能力であれいずれも「上司が部下を評価する」ことが暗黙の前提になっていた。しかし，近年は従業員の評価を直属の上司だけではなく同僚や部下，場合によっては社外の取引先など他方面から行う企業が増えている。これを**多面評価制度**と言う。厚生労働省大臣官房統計情報部編（2002）によれば，同制度を導入している企業は26.0%である。

企業が多面評価制度を導入する理由の1つは，人材育成である。ちょうど教員が学生の授業評価によって，自分の授業が学生に伝わっているかどうかを確認できるように，部下を含めた周囲の評価は，ライン管理職に日頃見落としがちな点に対して「気づき」を与える絶好の機会であると言えるだろう。

多面評価制度が導入される第2の理由は，適材適所を達成することである。第9章でも述べたように，近年の人事制度の改訂によって賃金制度において従業員の成果を処遇に反映させる企業が増大した。もちろん個人の短期的成果を大きく処遇に反映させる，俗に成果主義人事制度と言われるものにはにわかに首肯できないとしても，成果を処遇に反映される流れが今後弱まることはないだろう。

ところで，職能資格制度のように能力を積み上げで評価するものならばいざ知らず，成果主義人事制度のように毎年変動するものが対象となる場合，その時の評価者によって結果も大きく変動する危険性がある。しかもライン管理職の評価能力そのものに問題がある場合，人事制度の精緻化によって評価の精度を高めることには限界がある以上，被評価者の被る被害は甚大なものにならざるを得ない。

この場合，多面評価制度によって，部下から「不信任」された管理職を異動させることができれば，適材適所の達成につながり，合わせて成果主義に対する納得性を高めることができる。これまでの成果主義が，どちらかと言えば人事制度によって成果を厳密に定義した上でライン管理職に評価させていたとすれば，多面評価制度は成果のあるなしは個々の管理職に委ねる代わりに，ライ

ン管理職が正しく評価できるかどうかを見極めることを指向していると言えるだろう。

多面評価制度の問題点

　もちろん，こうした多面評価制度には解決すべき課題も多い。第1に，通常の評価とは異なる下から上への評価によって，上司が部下におもねるような態度を取らないようにするためには，多面評価の用途は人材育成や止むを得ない場合の人事異動に留め，評価結果を直接処遇に結びつけてはならない。また，部下が上司を率直に評価するためには評価者が身近で仕事をしているのが望ましいが，そのことは往々にして評価の匿名性を損ねることになりかねない。逆に被評価者に評価者の選任を委ねる企業もあるが，この場合は評価者がどこまで率直に評価するかが不透明であろう。最後にこの制度は，一人の人間を複数で評価するため，評価の時期になると特定の人間にお呼びがかかり負担が増大する，評価結果を集計し本人にフィードバックしなければならない，といった点で何かとコスト高である。実際，評価実施の間隔が次第に長くなっていくというのが，この制度を有する企業の少なからずに見られる傾向なのである。したがって，この制度を継続して実施するためには，ライン管理職の人材育成や適材適所につながるという経営の強い意思が不可欠と言えるだろう。

多面評価制度の実態―ある調査の結果から

　最後に，多面評価制度に関して筆者が2004年に行った調査結果を検討しよう[7]。

　まず，多面評価制度の目的は，（複数回答）「部下からの評価を提示することによって，従業員に『気づき』を与えるため」が89.5％と圧倒的に多く，「従業員の適材適所を行うため」（21.1％）や，「従業員の処遇に対する納得性を高めるため」（21.1％）は現状では重視されていないことがわかる。

　多面評価制度の対象は，「管理職および管理職相当の従業員」が47.4％で最も多くなっており，「ライン管理職」が36.8％でこれに次いでいる。ただし，「すべての従業員」とした企業が10.5％あることも事実である。評価者として挙げられた中で上位3つを挙げると（複数回答），「部下」（84.2％），「直属上司」（63.2％），

「職場の同僚」（63.2％），であった。また57.9％の企業が，「被評価者」即ち自己評価を多面評価の中に含めていた。

評価者の選任については「人事部門」が36.8％で最も多く，次いで本人である（「本人」（10.5％）＋「直属上司の承認を前提に本人が原案を作成する」（15.8％））。

それでは，被評価者本人は評価者が誰かを知っているのだろうか。この点に関しては，被評価者本人が評価者を選定する企業が少なくないことにも関連するが，「知っている」が57.9％で過半数を超えて「知らない」（42.1％）を上回っており，評価者の匿名性をそれほど重視していない企業が多いことがわかる。

評価結果が誰にフィードバックされるかを尋ねた結果，当然であるが「被評価者本人と直属上司」（47.4％），「被評価者本人」（36.8％），が多くなっている。

評価結果のフィードバックと並んで重要なのは，評価結果をどのように活用するかである（複数回答）。「従業員に『気づき』を与える」という制度の目的に対応して「能力開発」が94.7％で圧倒的に多く，「人事異動や役職への任用・離脱」（36.8％）が続いている。

また，評価票そのものや評価結果の修正に関して，コンサルティング会社等外部機関を活用しているか否かについては，約3分の2に相当する63.2％の企業が「活用している」としており，「活用していない」（36.8％）を大きく上回っている。

この制度の問題を見ると（複数回答），「評価結果を能力開発に結びつけるのが難しい」が57.9％で最も多かった。「その他」（36.8％）としては「評価者の選定に手間取る」，「評価が年末に集中し，充分な配慮が払われないケースがある」といった点が指摘された。

今後の方針については，「現状維持で実施する予定である」が，63.2％で3分の2近くあり，「今後とも対象者を拡大し，積極的に実施する予定である」（26.3％）と共に多くなっている。「対象者をこれまでよりも限定して実施する予定である」，「将来的には制度を廃止する予定である」は共に5.3％と極めて少なくなっている。

最後に，多面評価制度を導入していない企業，導入を予定・検討している企業に対して，導入していない理由，導入の障害について尋ねた（複数回答）。最も多かったものは「評価結果を集約するのが難しいこと」（52.9％），次に多かっ

たのは「上司が部下におもねるようになるのが好ましくないこと」(35.3%)，等
が挙げられた。

＜注＞
(1)　白井（1992），p.222。
(2)　小池（1994），pp.12〜13。
(3)　今野（2008），pp.92〜95。
(4)　この項の記述は，佐藤・藤村・八代（充）（2015），第3章，に依拠している。
(5)　人事考課票の具体例に関しては，例えば社会経済生産性本部（1994）を参照され
　　たい。
(6)　今野（2008），pp.99〜102。
(7)　この調査の概要については，八代（充）（2004）を参照されたい。

第3部

人的資源管理の国際化

第 **11** 章

人的資源管理の国際比較と 国際人的資源管理

1 国際比較研究の基礎理論[1]

なぜ国際比較を学ぶのか

一般に学問体系の中心にあるのが「理論」と「実態」であるとすれば、それを貫く横軸は「歴史」であり、縦軸が「国際比較」である。我々は、理論を踏まえて実態を分析するわけだが、その実態というのは過去の歴史の延長にあり、また他国と比較した場合さまざまな共通点や相違点が存在する。そこでこうした共通点や相違点が一体如何なるものであり、それが何によって規定されているかを明らかにするのが国際比較研究である。国と国との相互依存が高まっている今日では、他国の状況を正しく理解することが重要であり、この点は人的資源管理もその例外ではありえない。

人的資源管理の国際比較については、共通性を重視するものから、各国の特異性を強調するもの、またそれを規定する変数に関しても技術から文化までさまざまである。例えば長期雇用や年功賃金、新規学卒採用は日本独自の雇用慣行であるという言説が、過去から現在に至るまで繰り返しされている。しかしこうした言説は「暗黙の国際比較」に基づくものがほとんどであり、必ずしもデータに依拠している訳ではない。

この点、小池（1981）は、日本と EC の賃金統計の比較によって長期勤続（長期雇用）や年功賃金はホワイトカラーについては日本の特徴ではなく、各国共通である、むしろ日本の特徴は、ブルーカラーの賃金がホワイトカラー同様年功的に上昇すること、即ち、**ブルーカラーのホワイトカラー化**にあることを早い段階から指摘している[2]。

　さらにホワイトカラー・管理職層に関する日・米・英・独，４カ国間比較である小池・猪木編（2002）によれば，一般に新規学卒採用は日本の特徴と思われがちだが，イギリスでも新規学卒採用は行われている。確かに労働市場は日本より流動的であるが，中途採用はジョブ・グレードの特定階層に限られている。要するに，新規学卒採用そのものは日英の共通点，むしろ日英の違いは，それが労働力の給源のどの程度を占めるかという点にあると言えるだろう。

「コントロールする」ことの重要性

　しかし国際比較研究に対するさまざまな立場の違いにかかわらず，そこには最低限押さえておくべき点がある。それは，「同じ対象を比較する」ということである。

　例えば，「アメリカの人事管理と日本の人事管理は何が異なるか」を研究するとしよう。その場合，アメリカの人事管理と日本の人事管理を調べて両者を比較することになるが，もしアメリカはホワイトカラーについて調べ，他方日本はブルーカラーについて調べたとすれば，調べた結果明らかになった事柄は果たしてアメリカと日本の比較なのか，或いは，ブルーカラーとホワイトカラーの違いなのかを判別することが出来なくなってしまう。

　ここから明らかな様に，国際比較研究を行うためには，国の違いという変数以外は可能な限り条件を一定にしなければならない。これを，**他の変数をコントロールする**と言う。コントロールすべき変数としては，①産業，②企業規模，③従業員タイプ（正規従業員，ホワイトカラー，ブルーカラー，大卒，人事 etc.），などが挙げられるだろう。

国際比較の３つのタイプ

　これまで，人的資源管理の領域で行われてきた国際比較研究は，大きく次の４つに分類できる。何れの研究も，国際比較のために他の条件は可能な限りコントロールされている。

　まず第１は地域間で異なる資本国籍企業を比較すること，例えば「アメリカのアメリカ企業（GM）」と「日本の日本企業（トヨタ）」を比較することである。この点，小池・猪木編（2002）は，先述した４カ国の企業に対して，大卒ホワ

イトカラーの雇用管理に関する聴き取り調査と郵送質問紙調査を実施した。その結果，①「日本＝ゼネラリスト」という通念とは裏腹に，「幅広い1職能型」が優位を占めている，②技能形成の中心はOJTであり，職業資格が重要である場合も入口までに過ぎない，③レンジ・レートのグレード給が普及しており，不確実性をこなすノウ・ハウの形成に適している，といったことが各国の共通点として明らかになっている[3]。

　ところで，このタイプには，2つの研究方法がある。一つは「直接投資型」とでも呼ぶべきもので，調査者が母国の調査を行うと共に，自ら他国にも出向いて調査を行う。こうした調査には自らの枠組みに従って調査研究を行えるというメリットがあるが，反面言語の問題や調査対象の選定という点が制約になる場合が少なくない。

　他方，今一つのタイプは，言語や調査対象の選定で優位性のある母国の研究者が各々の国の調査を行う「国際協調型」である。この種の調査は「餅は餅屋」という原則に従って行われるので，社会的分業を活用できるというメリットがある。しかし，研究の枠組みが充分共有されていないと，各国研究者の思惑で調査が行われがちになり，結果として何を比較しているのか分からなくなりかねない。ちなみに，小池・猪木編（2002）は「直接投資型」である。

　第2は，同一多国籍企業の中で本社と進出先の現地法人とを比較する，具体的には日本本社と現地法人の相違点・共通点を，本社から現地への人的資源管理の移転度合いの代理指標とする研究である。

　この系譜に属する代表的なものとして，「日本的経営」と呼ばれるものがどの程度海外に移転可能かという点を検討した石田（1985）がある。石田によれば，東南アジアとアメリカの日本人経営者を対象とする面接調査の結果，雇用保障や階層平等主義，経営参加といった要素は海外に移転可能であり，反面日本企業がトランスファーに努めているがその成果に乏しい要素として，従業員の集団主義的行動，組織への一体感，職務行動の融通性などが挙げられる。また，東南アジアとアメリカとの間には，相違点よりも共通点の方が遥かに多いことも明らかになった。

　さらに，第3は同一多国籍企業を異なる進出先間で比較することである。酒向（1995）は，日系の電機メーカーでドイツに進出した工場とイギリスに進出

した工場を比較し，異なる環境が経営パフォーマンスにどの様な影響を与えているかを検討した。その結果，ドイツ工場の労働者はイギリスに比べて高い資格を持っているにもかかわらず，イギリスの日本企業工場とドイツの日本企業工場の間には，大きな差が認められなかった。この点酒向は，①製品の設計と製造技術が日本で殆ど決められてしまう結果，両者の間でパフォーマンスの差が出る余地がなくなっている，②電子機器産業に関する限り，イギリスの労働力の質で充分であり，ドイツのそれは過剰品質の可能性がある，といった点を指摘している。

2　同一産業・同一地域で競争している企業の国際比較

収斂か，差異化か

　ところで，人的資源管理の国際比較に関して今後さらなる研究が必要であるのは，「同一産業・同一地域における国際比較」である。これまで見てきた研究は，何れも日本とイギリス，本国と現地法人，多国籍企業の異なる進出先といった異なる地域間の比較を行っている。しかし，例えばロンドンで操業している日系，米系，仏系の金融機関は，ロンドンの労働市場で競争している一方，本国の経営慣行からも制約を受けている。先に述べた本国から進出先への経営慣行の移転の度合いについても，それが本国から移転されたもの，つまり「本国特殊的」なものか否かは，進出先の他の国籍企業やローカル企業との比較によって初めて確認することができる。そのためには，産業と地域をコントロールして，同一産業，同一地域で異なる資本国籍企業の人的資源管理を比較する必要がある。これが国際比較の第4のタイプである（八代（充），2017）。

　それでは同一地域，同一産業で競争している異なる資本国籍の企業の人的資源管理は，どの様な枠組みで比較できるだろうか。この点については，次の2つの仮説が考えられる。

　第1の仮説は，同一産業，同一地域内の企業競争によって人的資源管理に求心力が強く働くというものである。企業は，生産物市場だけではなく，労働市場でも競争している。従って，ベスト・タレントを外部労働市場で獲得し，また，ベスト・タレントをリテインするためには，ローカルで主流になっている

経営慣行（**ベスト・プラクティス**と呼ばれている）に適合していく必要がある。こうした求心力が強ければ，各国企業の人的資源管理は，資本国籍如何にかかわらず**マーケット効果**によって一定方向に**収斂**していくだろう。

　他方同一産業，同一地域内の競争によっても各国企業の HRM はなお「異なったまま」であり続けるというのが，第2の仮説である。企業が市場競争を勝ち抜くためには他社と**差異化**され得るもの，つまり他社にはない強みを持たなければいけない。八代（2005）では，こうした「差異化」要因として①プロダクトによる差異化，②顧客による差異化，③人的資源・組織による差異化，の3点を挙げている。さらに第4点，こうした差異化戦略とは別に，本章の冒頭で述べた「日本的経営」，「アメリカ的経営」といった本国の経営慣行の移転による差異化，即ち**ホームカントリー効果**も当然存在するだろう（図表11-1参照）。

　以上をまとめれば，同一産業・同一地域で競争している異なる資本国籍の企業を比較する意味は，「企業の人的資源管理は何処までが収斂し，何処までが企業の差異化戦略や本国企業からの経営慣行の移転の結果『特殊的』なものとしてあり続けるのか」という点にある。以下では，この点を最近の制度社会学の理論に基づいて検討しよう。

図表11-1　同一産業・同一地域で競争している異なる資本国籍の企業

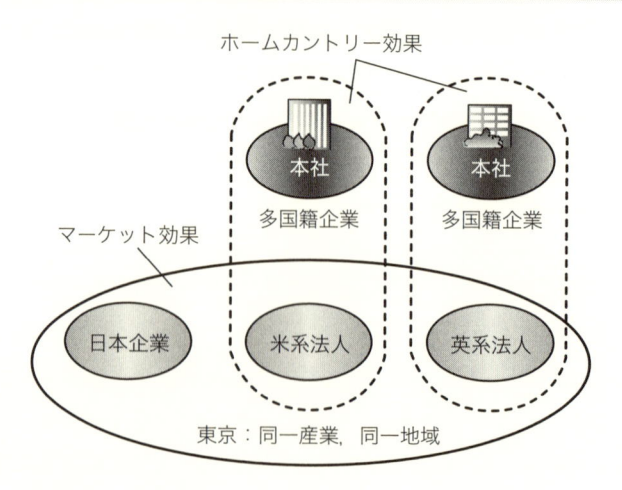

資料出所：佐藤・藤村・八代（充）（2011），p.290。

国際比較研究と制度社会学[4]

　須田（2010）によれば，人的資源管理論は，全ての企業に当てはまる効果的マネジメントを追究するベストプラクティス・アプローチと，効果的なマネジメントは組織内外の状況で異なるとするベストフィット・アプローチという2つの潮流に分けられる。前者のベストプラクティス・アプローチは，さらに国境を越えて普遍性を有するベスト・プラクティスが存在するという立場と，ベストプラクティスは各々の国によって異なるという，2つの立場に分かれる。後者の理論として重要であるのが，制度社会学である。

　ディマジオ＝パウエル（1983）は，特定の制度が普及するメカニズムとして「制度的同形化」という点を挙げている。一言で言えば，社会で規範となる制度に適合することで正当性を獲得できると考えるのが，制度的同形化である。

　制度社会学に従えば，企業が年功賃金か成果主義のどちらを選択するかは，社会を構成する成員の規範意識に依存すると考える。年齢や勤続に従って従業員の賃金を引き上げ，彼らの生活に配慮するのが当然であるという規範意識が強ければ，企業が人事制度改革を行うことは容易ではないだろう。

　上記の議論は，組織フィールドが日本の市場であり，そこに存在する日本国籍の企業を前提にしていた。日本市場で日本企業同士が競争している制度環境では，規範意識が共有され，どこの企業の雇用制度も大きく異なることはないからである。

　それでは，企業はどの様な場合に組織フィールドを変更するのだろうか。この点，山内（2013）は日本企業と外資系企業との人材獲得競争と組織フィールドについて検討している。ホール＝ソスキス（2007）によれば，先進諸国の資本主義は自由な市場経済と調整された市場経済とに分類される。調整された市場経済に属する日本は，製造業で比較優位がある半面，金融業では比較劣位とならざるを得ない。しかし比較優位産業も比較劣位産業も日本国籍の企業として組織フィールドを共有していれば，経済合理性の観点よりも社会的正当性を獲得するためには，日本的雇用制度を共有するのが得策である。

　しかし，日本企業とは組織フィールドを共有しない外資系企業が日本に進出し，それが「調整された市場経済」において不得意産業である場合は，話は別である。実際，山内が実施した日系・外資系金融機関を対象にした事例研究に

よれば，入職と退職，人事部の役割といった点で資本国籍の差異が明らかである。外資系企業は本国の制度を最大限持ち込もうとしており，不得意産業である金融業では外資は日本的雇用制度を導入しなくても不都合は生じていない。つまり，外資系が比較劣位の領域に進出する限りにおいてはマーケット効果よりもホームカントリー効果の方が大きいことが分かる。

　さらに，リーマンショック後の雇用システムの変化を考察した結果，破綻した米系投資銀行の米系企業のアジア・欧州部門の人材を継承したある証券会社（以下Ａ社）では，日系では初めて国内の主要拠点と海外拠点で処遇を統一した。しかし，逆に国内では，通常の社員と「グローバル社員」という2つの異なる制度を持つことになった。新規創設された国際業務を対象とした「グローバル社員」では，外資と同等の報酬を提供する代わりに通常の総合職と同じ雇用保障は付与しない。日系証券会社が日本で，しかも被買収ではなく買収によって自らの人事制度を変革しているという意味で，極めて特徴的な事例である。

　この事例が示しているのは，Ａ社の組織フィールドが最早日本企業ではなく，証券業界の世界標準，アングロサクソン型であるという点である。国際的証券会社たり得るためには，世界標準であるアングロサクソン型の人事制度を導入しなければ人材獲得競争に打ち勝てないという経営判断，即ち単なるホームカントリー効果でもなく，さりとてマーケット効果でもない，言わば**インダストリー効果**がＡ社に組織フィールドを変更させたのである。

3　海外派遣要員の人的資源管理

国際人的資源管理とは

　前節では人的資源管理の国際比較について検討したが，この節ではそれとの関連で企業の国際化と人的資源管理について検討したい[5]。

　ところで人的資源管理や人事制度の地域間の違いは，労働移動が行われているか否かによって規定されるところが大きい。第1節で述べた様に，人的資源管理の国際比較は，①地域間で異なる資本国籍企業を比較する，②同一多国籍企業の中で，本社と進出先の現地法人を比較する，③同一多国籍企業を異なる進出先間で比較する，④同一産業・同一地域で異なる資本国籍の企業を比較す

る，の4つに分けられた。

　この中で人的資源管理の有り様が最も異なるのは，①である。その理由は，日本本社と（例えば）アメリカ本社の間でヒトの異動が行われていないからである。例えばトヨタの日本本社とGMのアメリカ本社が直接人材獲得競争を行えば，両者の人的資源管理は現在より遥かに収斂するだろう。なぜなら，一旦どちらかが市場でベスト・プラクティスになれば他方はベスト・プラクティスに適合しない限り，労働市場における労働力の調達に著しく支障をきたすからである。逆に，企業間でそれほどヒトの移動が行われなければ，各々の企業の特殊性は特殊性として維持されるだろう。

　他方，④については，同一産業，同一地域の異なる資本国籍の企業間ではヒトの移動が行われ，その結果人事制度の標準化が進行する。そうしなければ，人材獲得競争で生き残れないからである。第3章では労働市場における労働需給のマッチングは労働移動によって行われていると述べたが，同時に労働移動が企業間の人的資源管理や人事制度の差異を縮小させることは強調されるべきである。

　以下ではこうした**国際労働移動**の中で，多国籍企業内の人事異動，つまり**国際人事管理**（最近は**国際人的資源管理**（白木，2006）と言う）について検討しよう。

海外派遣要員の役割

　国際人的資源管理の第1の側面は，**海外派遣要員**の雇用管理，即ち彼等の選抜・育成・帰任後の処遇を如何に行うかである。人的資源管理の目的は適材適所であるが，国際人的資源管理において適材適所を実現するためには，まず海外勤務という仕事に適性ある者が選抜され，次いで必要な能力開発が行われ，さらに海外勤務を終えて帰国後は，日本国内でそれに相応しい仕事に配置される必要がある。

　この点，海外派遣要員に対する調査結果である労働政策研究・研修機構（2008）によれば，海外派遣の内示期間は業種によって違いがあるが，平均で3.4カ月，派遣期間は規定・目安がある企業は約6割，ある場合は平均で約4.2年である。

　海外赴任に際しての事前研修として，多くの企業で普及しているのは「英語」，「赴任地言語」，「危機管理や安全対策」，「健康管理や病気対策」などである。

　海外赴任中の現在の職務全ての中で最も多いのが「全社的管理」であり，海外派遣要員の59.1％がこれに従事している。また派遣者の職務件数を見ると平均は2.6であり，複数の職務を経験している者が多くなっている。現在の職位は，会長，社長45.1％，役員クラス12.7％，計57.8％と約6割が経営者クラスである。役員クラスよりも下の職位に就いている者にとって海外赴任は職位を上昇させる機会であり，2ランク以上上昇した者が37.1％，次いで1ランク上昇で23.2％，3ランク上昇は20.2％である。

　最後に，派遣要員に対する支援体制・福祉制度の中で現在最も必要と感じているものを尋ねた結果，「帰国後のキャリア形成についての支援体制」（14.2％）とした者が最も多くなっている。

　ところで日本企業の海外派遣要員を他国籍の企業と比較すると，そこには際立った違いがある。

　まず第1点，欧米系多国籍企業では，企業国籍と派遣要員の国籍は必ずしも一致しているとは限らない。これに対して，日本企業の場合，派遣要員はほぼ100％日本人である。

　次に第2点，派遣要員は日系の現地法人では，**日本人出向者**という位置づけになるが，彼らの給与は実質的には日本本社が決めていることである。

　では，日本本社は日本人出向者の給与を如何なる形で決定しているのか。金融機関の場合，日本人出向者のそれは，現地払いの生活給が存在することを除けば，基本給は東京の人事制度，つまり職能資格制度を基本とした東京の賃金テーブルが適用されている。このことは，日本人出向者とウェイジ・サーベイで給与が決められる**ローカル・スタッフ**との間に賃金の**二重構造**が存在することを示している。

4　経営の現地化

技術移転と経営現地化

　国際人的資源管理の第2の側面は，**経営現地化**である。

　先述した様に派遣要員は，「日本人出向者」という形で現地法人に派遣される。日本人出向者の果たしている役割は，一言で言えば**技術移転**，即ちハード（生産技術），ソフト（経営管理技術）を含む技術を送り出し国から受入国へ移転することである。しかし，ハードの技術に比べソフトの技術移転は時間がかかるので，結果日本人出向者が現地法人の枢要なポストを占有することになる。こうした日本人出向者による管理がローカル・スタッフの昇進機会の制約となり，彼等のモチベーションを低下させるのは明らかであろう。

図表11-2　国籍別の取締役比率

(%)

	現地国籍者比率			日本国籍者比率			第三国籍者比率			回　答企業数
		2003年調査	2001年調査		2003年調査	2001年調査		2003年調査	2001年調査	
所在地域										社
アジア小計	19.8	20.3	20.4	78.6	78.1	78.5	1.6	1.2	1.3	338
中　国	12.9	22.9	16.5	83.6	75.5	82.2	3.5	1.6	1.5	125
その他アジア	23.9	19.6	–	75.7	78.9	–	0.4	1.1	–	213
中近東	4.2	15.2	4.3	90.5	79.7	92.1	5.3	5.3	3.6	11
ヨーロッパ	23.3	20.1	17.7	74.6	75.5	80.1	2.1	4.3	2.6	112
北　米	25.6	30.5	25.3	73.8	68.0	73.8	0.6	0.7	0.2	43
中南米	14.4	15.6	15.0	83.2	83.9	84.0	2.4	0.7	1.0	88
アフリカ	4.2	20.0	20.8	91.7	76.2	79.2	4.2	3.8	0.0	8
オセアニア	16.7	12.1	18.2	82.6	87.3	81.8	0.7	0.9	0.0	54
現地法人の主たる業種										
製造業	23.0	23.0	22.0	75.5	74.0	76.6	1.5	2.7	1.7	365
非製造業	14.5	16.9	15.6	83.4	82.3	83.1	2.1	0.6	1.1	286
現地法人の従業員規模										
10人未満	5.1	5.7	3.7	94.4	92.8	96.3	0.6	1.2	0.0	59
10-50人未満	15.4	12.6	11.7	83.5	85.8	86.6	1.1	1.1	1.4	159
50-100人未満	15.5	23.2	20.7	83.6	77.0	78.9	0.9	0.8	0.7	111
100-200人未満	20.3	21.4	26.7	76.8	75.3	69.9	2.9	3.3	3.4	99
200-500人未満	25.4	27.3	23.6	70.3	69.7	75.1	4.3	2.4	1.3	88
500-1,000人未満	21.2	28.8	26.8	78.1	65.4	71.7	0.7	4.7	1.2	60
1,000-5,000人未満	35.4	32.2	29.6	62.7	65.5	69.9	1.9	2.3	2.1	67
5,000人以上	26.9	25.7	43.4	72.6	74.3	56.6	0.5	0.0	0.0	11
合　計	19.4	20.2	19.3	78.9	77.7	79.4	1.7	1.9	1.4	654

資料出所：労働政策研究・研修機構（2006），p.36。

図表11-3 国籍別の中間管理職比率

(%)

	現地国籍者比率			日本国籍者比率			第三国籍者比率			回 答 企業数
		2003年 調査	2001年 調査		2003年 調査	2001年 調査		2003年 調査	2001年 調査	
所在地域										社
アジア小計	75.5	73.5	71.0	23.2	25.6	27.1	1.4	0.9	1.5	347
中　国	68.0	72.8	71.3	30.5	26.6	26.2	1.5	0.2	1.4	128
その他アジア	79.8	73.6	–	18.9	25.2	–	1.3	1.1	–	219
中近東	43.9	45.1	41.3	45.9	36.6	48.7	10.2	18.3	11.4	10
ヨーロッパ	67.3	65.6	61.0	28.5	31.1	36.7	4.2	4.4	1.9	112
北　米	57.0	57.8	56.5	41.3	39.2	45.5	1.7	2.5	1.0	41
中南米	79.7	79.4	75.0	17.1	18.0	23.7	3.2	2.2	1.3	82
アフリカ	94.4	68.3	53.5	5.6	30.4	44.2	0.0	0.3	2.3	9
オセアニア	67.3	65.7	57.2	31.6	32.0	41.7	1.1	1.5	1.1	55
現地法人の主たる業種										
製造業	78.1	73.9	70.5	20.5	23.8	28.6	1.3	2.3	1.4	360
非製造業	65.5	65.9	57.5	31.2	31.3	40.0	3.3	2.9	2.4	293
現地法人の従業員規模										
10人未満	55.1	57.3	42.7	41.5	39.1	54.8	3.4	1.7	2.4	49
10-50人未満	67.5	64.5	57.0	29.4	32.4	40.6	3.0	3.5	2.3	169
50-100人未満	73.6	70.7	67.6	25.1	26.5	31.1	1.3	2.6	1.7	112
100-200人未満	68.1	72.1	71.9	28.3	25.5	28.9	3.6	2.2	1.6	101
200-500人未満	77.6	73.1	72.6	20.5	25.1	24.8	1.9	1.9	2.0	90
500-1,000人未満	83.9	72.6	77.8	15.7	23.9	20.4	0.4	3.3	1.8	60
1,000-5,000人未満	85.0	78.1	73.7	14.3	21.4	26.6	0.6	0.6	0.3	63
5,000人以上	81.6	78.2	63.8	18.2	21.3	36.0	0.2	0.5	0.2	12
合　計	72.5	69.4	64.9	25.3	28.1	33.6	2.2	2.5	1.8	656

資料出所：労働政策研究・研修機構（2006），p.37.

　実際日系現地法人を対象にした調査結果である労働政策研究・研修機構（2006）を見ると，現地法人の従業員に占める現地国籍者比率は，平均では取締役以上19.4％，中間管理職72.5％，となっている（図表11-2，図表11-3参照）。

　それでは，日本人スタッフが現地に派遣される理由，すなわち日本人を現地従業員に代替出来ない理由は一体どこにあるのだろうか。

　この点に関しては，取締役以上と部課長層では回答が大きく異なっている。まず前者で多いのは，「現地法人の経営理念のため」（80.0％），「日本本社の経営理念・経営手法を浸透させる必要があるから」（70.7％），「日本本社との調整に

必要だから」（61.3％）である。他方，後者の場合，「日本本社との調整に必要だから」（51.0％），は取締役以上と共通しているが，「現地従業員が十分育成されていないから」（36.8％），「日本からの技術移転が必要だから」（36.1％），「日本人従業員にキャリアを積ませる必要があるから」（32.1％），などが多いのが特徴である（労働政策研究・研修機構，2006）。

　しかし，日系企業において経営現地化が進まない理由は，日系企業が日系企業自身に依存するというビジネスモデルを抜きに考えることは不可能である。実際，先の調査結果でも，部課長層の23.1％が「現地の取引先の交渉相手が日本人だから」を挙げている。

日本人出向者の役割

　そもそも，「日本人」出向者はロンドンでどの様な役割を果たしているのだろうか。この点については，本社とローカル・スタッフの橋渡し（リエゾン）の役割を果たすことや，日本本社—現地法人という企業グループの中で，若手従業員の人材育成を行うことなどが挙げられる。しかし最も重要なのは，現地法人がロンドン市場での「差異化戦略」のために日本人を必要としていることであり，各社共日本人出向者比率と「日系依存度」の間に強い相関が存在するのである。

　例えば，日系金融機関 A 社の日本人出向者比率の違いは，正にこの点に対応しており，エクイティ部門では日本人出向者比率が15％と高く，日本人の部門長直属の管理職の多くも日本人である。その理由は，エクイティ部門が扱うのは主に日本株なので彼らは日本株を購入したい海外の日系ないしローカル機関投資家にセールスを行っており，その過程で本社の株式部門への対応を行うのは，日本人出向者だからである。即ち，日本株という「プロダクト」や日系機関投資家という「顧客」が日本人をキー・ポジションに据えることを必要としているのである（八代（充），2008c）。

5　国際人的資源管理の双方向化
　　―ローカル・スタッフの本社への登用

幹部候補生の育成と多国籍企業内人事異動

　これまで，海外派遣要員と経営現地化について検討した。ところで国際人的資源管理は，これまでどちらかと言えば日本本社を中心に一方通行で捉えられていた。他方，近年欧米多国籍企業の人的資源管理上の課題は，単に本社の従業員のみならず，親会社―現地法人という全世界的レベルで如何に適材適所を実現するか（例えばローカル・スタッフをグローバルの幹部に登用する）という点にある。即ち，国際人的資源管理は，従来の一方通行から双方向化しているのである。

　例えば，アジアにおける欧米多国籍企業の人的資源管理を検討した日本在外企業協会（1999）によれば，欧米多国籍企業では何らかの形で**幹部候補生の登録制度**を実施しており，定期的に登録者の「洗い替え」が行われている。その典型はヒューレット・パッカードであり，キー・ピープルに対しては特別な注意を払い，国を超える異動など教育訓練を積極的に行っている。ただし彼等がいつまでキー・ピープルであり続けるかは分からないので，将来の昇進について言質を与えるようなことはしない。これとは別にシニアマネジメントの登録制度があり，世界で500～600人が本社で登録されている。他方日本でも，グローバルにビジネスを展開している自動車産業では，こうしたタレント・マネジメント制度が踵を接して導入されている（八代（充），2017）。

多国籍企業内人事異動と出入国管理法

　しかし，今後ローカルの従業員を本社の枢要なポジションに登用するのは単に国際人的資源管理の問題には留まらない。なぜなら，外国国籍を有する者の日本国内での活動は，**出入国管理及び難民認定法**（以下，**入管法**と称す）に規定されている**在留資格**（外国人が日本国内で活動できる具体的内容を示したもの）で認められたものに限定され，それ以外の活動は「資格外活動」，即ち違法行為となるからである。

　それでは，入管法の枠組みの下では，外国人はどの様な領域で就労が可能だろうか。外国人雇用に関する日本の基本的な政策は自国民の雇用を優先するというものであり，旧入管法では，外国人の企業等での雇用は，日本人との代替性という観点から，厳しく制限されていた。「日本人との代替性」とは，外国人は日本人が有していない特殊な技術を有している場合に限って就労できる，逆に「日本人との代替性」を有しない，即ち日本人でも外国人でもできる仕事は日本人を優先して日本人の雇用が奪われない様にするというものだった。

　しかし，1990年7月に施行された改正入管法では，従来代替性という形で例外的に取り扱われていた基準が，新たに**人文知識・国際業務**他6つの独立した資格となった。このうち国際人的資源管理に関するものでは**企業内転勤**という

図表11-4　国際人的資源管理の概念図

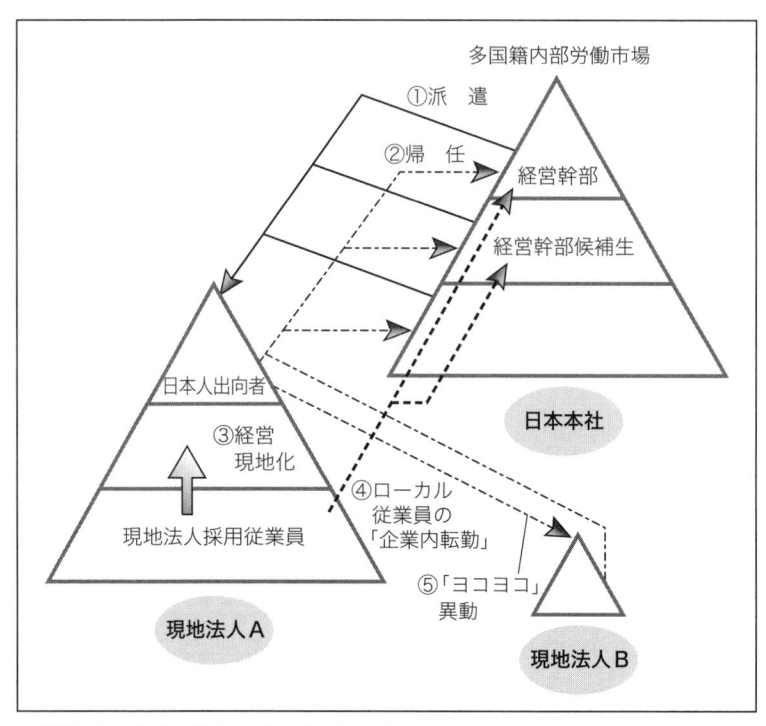

　資料出所：佐藤・藤村・八代（充）（2015），p.29。

在留資格が新たに設けられ，「本社―現地法人」間でヒトの異動が可能になっている（花見・桑原編，1993，第2章）。さらに，2019年に施行された改正入管法では，少子高齢化や労働力不足に対応して，最長5年間在留可能な「特定技能1号」，熟練した技能に対して在留期間の更新や家族の帯同を認める「特定技能2号」という在留資格が新設されている。

以上まとめたのが，図表11-4である。まず日本人出向者は，①派遣，②帰任，という形で日本本社と現地法人とを環流している。

他方ローカル採用従業員は，③現地化によって現地法人企業内労働市場で上方に異動し，さらに今後は④企業内転勤，によって日本本社への出向が増大することが予想される。さらに，日本本社と現地法人の「環流」は，両者間の「往復」だけでは必ずしもなく，近年は現地法人間を異動する⑤「ヨコヨコ異動」も行われている。

6　国際人的資源管理と人事制度
―多国籍企業内労働市場の視点から

多国籍企業における人事異動と人事制度

以上明らかな様に，多国籍企業の中には，本社と現地法人という**多国籍企業内労働市場**（白木，2006）が形成されている。こうした異動は，多国籍企業内で適材適所を実現するためには不可欠だが，そのためには本社―法人及び現地法人間で人事制度の標準化が進み，人事制度によってヒトの異動が阻害されないことが必要である。

この点「本社―現地法人」については，日本人出向者には本社の人事制度が適用されることが一般的であるので，異動に関する制約は存在しない。他方，ローカル・スタッフと日本人出向者の間には二重構造が存在しており，このことは現地法人における昇進機会を阻害するだけではなく，先に述べた現地法人―本社という異動を行うことをも困難にするだろう。

また，企業が海外に進出する際は，本国で慣れ親しんだ人事制度を移転しようとするが，進出先には当然固有の制度的要因が存在し，したがって，その移転のやり方は進出先に依存するといわざるを得ない。日本人出向者に本社の人

事制度が適用されることが一般的であるとすれば，日本人出向者とローカル・スタッフの間に二重構造が存在することを意味するが，こと日本人出向者を対象にした人事制度を見ても，ワールド・ワイドでは決して一枚岩ではない。

その結果，企業は現地法人の人事制度をローカルの労働市場に近づけるというベクトルと多国籍企業全体としての整合性を保持するというベクトルとの間で「二律背反」に陥ることになる。現実の人事制度は，2つのベクトルの間を揺れ動いているのが実情であろう。

こうした人事制度の典型的な例は，ジョブ・タイトルである。ジョブ・タイトルとは，現在配属されている仕事で等級化を行い，等級で肩書きを決定する制度である。したがって，等級の作り方は直接従業員の配置・異動に影響する。企業側にも従業員側にも現在より低い仕事に異動するインセンティブは存在しないからである。

本来，現地法人間で独自のタイトルが出来上がれば，タイトル間の垣根が出来て，結果異動が阻害されるはずである。ある日系投資銀行では，確かにこうした問題が生じて本社でも米国と英国でタイトルの統一化が課題になっている。しかしそれによって異動が制約されることはない。その理由は現地法人を越える異動の対象になるのは専ら日本人出向者であり，彼らのタイトルは日本本社の職能資格制度で決められているからである。

これからの国際人的資源管理

多国籍企業における現地法人間の異動や現地法人の日本人出向者とローカル・スタッフの異動，さらにローカル・スタッフを本社に登用するためには，日本人出向者とローカル・スタッフの賃金の二重構造を改めて，ワールド・ワイド全ての従業員の賃金構造を単一のものに改め，日本人出向者の「本社→ローカル」の異動だけでなく，ローカル・スタッフによる「ローカル→本社」の異動をも可能にすることである。

しかし，逆説的に言えば，企業が人事制度をワールド・ワイドで統一するという膨大なコストを要することを，必要もないのにやるとは考えられない。この点は企業のビジネスモデル，つまり多国籍企業が現地法人の自律性をどの程度許容するかに依存するだろう。多国籍企業が人的資源管理を現地の裁量に委

ねるならば，人事制度は基本的にローカルの労働市場における競争によって決められる。他方，多国籍企業が経営資源の**選択と集中**を推し進めるならば，人的資源管理の集権化が必要であり，したがって，多国籍企業内でヒトを異動させるべく，現地法人間の人事制度の整合性を求める動きが強まるだろう。

　例えば，かつて日本に進出した大手外資系のエレクトロニクス企業は，当時の通産省の手厚い庇護に対抗すべく進んで日本の商慣行に親しみ，日本的経営を積極的に取り入れて日本に溶け込むべく努めたと言う。こうした戦略が可能だったのは，それが現地の裁量に委ねるべきこととして許容されていたからである。

　翻って，昨今の選択と集中というビジネスモデルの転換やIT技術の進展によって以前に比べて集権的な管理が行われており，現地の裁量の余地は限られている。日本の現地法人は本社の構築した人事制度を導入し，ワールド・ワイドで外資と競争している日本企業がそれに追随するという全く逆の方向性が観察されている（新穂・春成・川上，2008）。

　以上のことから，第2節で述べた企業間競争を通じた人的資源管理の収斂という問題と，第3節以降で検討した国際人的資源管理は，一見別のことに見えるが密接に関係していると言えるだろう。

<注>

(1)　第1節の記述は，佐藤・藤村・八代（2015）第10章，pp.270〜278に加筆・修正を施したものである。

(2)　同様な事実は，OECD（1993）においても確認されている。

(3)　この系統の研究としては，このほかに以下のものが挙げられる。ルームキン編（1989），ストレイ編（1991），スチュアート編（1994），ストレイ＝エドワーズ＝シッソン（1997）。

(4)　以下の記述は，八代（充）（2013b）に依拠するところが大きい。

(5)　第3節以降は，八代（充）（2008b），同（2008c），佐藤・藤村・八代（2015），第1章，pp.26〜30に依拠するところが大きい。

終　章

これからの人的資源管理

　これまで人的資源管理のさまざまな側面について述べてきた。しかし，何分限られた枚数や筆者の能力不足によって，労使関係や職場の人間関係，あるいは能力開発といった基本事項の中でも言及できていない問題も多かった。

　最近の重要な政策課題にもかかわらず取り上げることのできなかった1つに女性の活用がある。男女雇用機会均等法とその改正，雇用「機会均等」の中で「結果の平等」を指向するポジティブ・アクション，仕事と育児の両立を図るための育児休業制度等少子高齢化の中で，如何に女性労働力を有効に活用するかは，今後の人的資源管理の最も重要な課題と言っても過言ではないだろう。

　しかし女性の雇用については，既に多くの先行研究が存在する。読者は，巻末に掲げた文献で是非本書の足らざる点を補って頂きたい[1]。以下，本書を終わるにあたって，筆者が今後の人的資源管理上重要と思われる問題，具体的には人的資源管理において最近生じているさまざまな「ズレ」について言及したい[2]。

新規学卒採用と成果主義との「ズレ」

　第6章でも述べたが，日本の人的資源管理の根源を成しているのは新規学卒採用である。第7章で詳しく述べた昇進・昇格管理が年次によって行われるのも，企業が時間やコストを投じて人材育成を行うのも，その結果としての長期雇用も，すべての根源は，企業が職業経験を有しない新規学卒者を労働力の主要な給源としているからに他ならない。

　しかし，こうした新規学卒採用という採用の給源は変わらないままで，大きな変化が生じている。端的に言えば，職場で新入社員を育成する能力が著しく

低下しており，人事部門が新入社員をせっかく配属しようとしても「新人なら不要！」と拒否されることがあると言う。企業が従業員数を大幅に減らした結果，新入社員の育成を担当する人員を捻出する余裕がなくなってしまい，「5名の職場で新人が1人来ても，1人を教育に貼り付けて4名になるよりは，最初から5名のほうが良い」という判断が働くのである。

また第9章で年俸制について述べたが，新卒社員を含めた全社員にこの制度を適用している企業もある。本来年俸制というのは，一定の経験を踏まえ自律的に仕事ができる者にこそ適用すべきであるから，これは明らかに成果主義の過剰適用である。

今まで述べたことは，「新規学卒者を採用して社内で育成する」という前提が変わらないのに，実態として職場の人材育成能力が低下して充分新人が育成できない，或いは新卒者を単にコストの安い労働力としてしか見なさず，彼らに年俸制が導入されるという形で，方針と実態との間に「ズレ」が生じていることを示している。これが過渡的なものか，恒常的なものかは，即座に判断することはできないが。

裁量性と拘束性との「ズレ」

次に，仕事の裁量性について再考したい。ブルーカラーの仕事は基本的に工場でラインに入って仕事をするので典型的な「9時5時労働」であり，仕事を持ち帰れず，裁量性に乏しいものである。他方ホワイトカラーの仕事の特徴は，各人が仕事を「どこでやるか，いつまでやるか」を程度の差こそあれ選択できるという点にある。これが第9章で述べた時間的・空間的裁量性である。

空間的裁量性の典型的な例は，風呂敷残業である。これは会社の仕事を家に持ち帰ること（現在は「IT残業？」）であるが，「仕事を持って帰れる」という点で伝統的工場労働とは決定的に異なるものである。しかし，ホワイトカラーの労働時間管理は，どこまでが労働時間かが明確ではないという特徴にもかかわらず，長らく「9時5時労働」を前提に行われてきた。このことが，企業と労働行政との間にさまざまな「イタチゴッコ」を引き起こしてきた。

もっともこうした特徴にもかかわらず，仕事とそれ以外の間には自ずと「オンとオフ」の境も存在していた。しかし，過去10年その垣根はIT化の進展に

よって急速に壊れてきた。ポケベルから始まり，携帯電話，電子メール，携帯メール，PC 等の各種端末の登場がそれである。本来技術革新によって人間生活は豊かになるはずなのに，逆に昨今我々は IT 技術に使われているかのようである。現代のホワイトカラー労働の本質は**モバイル労働**であり，確かに仕事を持ち帰ることができるという意味で空間的裁量性は存在するものの，IT による会社の管理がそれ以上に進行した結果，自分のペースで仕事を進めることは急速に困難になっている。先に新規学卒採用と採用後の管理に「ズレ」が生じていると述べたが，仕事の裁量性に関するホンネとタテマエの間にもこうした「ズレ」が生じているのである。

　さらに，同様なことはパートタイマー等の非正社員でも存在する。本来正社員は組織の拘束度は強いが身分は安定しており，逆に非正社員の場合身分は不安定だが働く時間の自由度は高かった。

　しかし最近は，非正社員は身分が不安定なのは変わらないにもかかわらず，労働時間のほうは正社員と同じになってきている。「ズレ」は，「身分の安定・不安定 vs. 働く時間の自由度の高低」という軸の間にもあるのである。

余暇の時間と余暇実態との「ズレ」

　この点に拍車をかけるのが，企業の人減らしである。人減らしとは「去るも地獄，残るも地獄」で，残った者に負荷がかかる仕組みになっている。人減らしが仕事の減った結果であれば，残った人に負荷はかからないが，人が減っても仕事が減らない場合辞めた人の仕事は残った者が肩代わりせざるを得ない。「人は減らす，仕事は増える。成果は上げろと言われる。八方ふさがりだ」。これは，ある人事担当者の偽らざる独白である。

　こうしてオフィス外の「モバイル労働」，「モバイル残業」だけではなく，オフィス内でも長時間残業が行われている。労働基準法の労働時間管理が適用され，残業手当支払いの対象となる従業員を可能な限り少なくしたい，これが企業の偽らざるホンネであろう。

　また日本型の「下から上の意思決定」もこうした長時間労働に影響している。もともと日本的経営の特徴として，長らくボトムアップや根回しという点が指摘されてきた。こうした意思決定のやり方は，実質的な仕事上の権限が下位の

者に委譲されていることを意味しており，日本的経営の強みと言われてきた。

　しかし実質的に決定されたことも，あくまで形式的には公式の会合（部長会，役員会，国であれば閣議や審議会等）で決定される。こうした会議を円滑に進めるためには膨大な準備が必要となる。しかも，会議の決定は「多数決」ではなく「全会一致」であることも会議に関する時間的拘束に拍車をかけている（その是非については，ここでは問わない）。さらに近年は説明責任，法令順守，個人情報保護など組織の意思決定において配慮すべき事柄が多くなっていることも，ますます労働時間が長期化する一つの原因と言えるだろう（もちろん，説明責任，法令順守，個人情報保護に配慮しなければならないことは，言うまでもない）。こうして，労働時間とそれ以外の垣根が崩壊したために，仕事が家庭の中に侵食してきている。本来家庭は，仕事を離れた潤いの場であるはずなのに，余暇時間と余暇実態との間にも，「ズレ」が生じていることが明らかである。

　その結果，「仕事」と「それ以外」を選択する裁量性—これが**ワーク・ライフ・バランス**である—がますます困難になっている。有給休暇の取得率に関する国際比較によれば，日本だけが50％前後と低迷しているが，この数値が急速に改善することは期待できない。仄聞したところでは，かつて病気休暇の創設が議論になった際「別の休暇をつくるとますます有給休暇の取得率が低下するのではないか」ということを真剣に心配していた向きがいたという，笑えない話さえある。その行き着くところは，家事・育児に参加できない男性世帯主に対して，「亭主元気で留守が良い」という海外ではまったく理解不能な言葉が流布することである。これには家事に参加しない（できない）世帯主（もちろん男性とは限らないが）にも責任の一端があることを忘れてはならない。

一律と個別との「ズレ」

　人的資源管理に関する問題点として最後に指摘すべきは，「一律」を求める行政と「個別」に対応したい企業との「ズレ」である(3)。現在高年齢者雇用安定法によって企業は60歳以降の雇用延長として，①65歳への定年延長，②定年制廃止，③65歳までの継続雇用の何れかを選択しなければならないが，圧倒的多数の企業が65歳までの継続雇用で対応している。即ち企業は，定年制で年齢によって従業員を「一律」に解雇（裏を返せば一律の雇用保障）しながら，60歳

以降の雇用延長については継続雇用という「個別」の対応をしている。

　もちろん本来企業は「一律で」はなく，あくまで「個別」の対応を望んでいる。しかし，判例法理による制約や雇用保障が社会の規範として定着している60歳までは，「一律」の対応を余儀なくされている。しかし，60歳定年を以って一旦雇用をリセットできれば，そこから先は「個別」の対応，ロー・パフォーマーにはお引き取りを頂いて貢献度の高い者を残したい，これが偽らざるホンネであろう。しかし，さりとて究極の「個別」の対応である定年制廃止には踏み切れない。整理解雇の判例法理が個別企業にとっては「与件」である以上，定年制の廃止が「高齢者天国，ロー・パフォーマー天国」となるのは明らかだからである。

　しかし行政の立場は，また別である。従来高年齢者雇用安定法では，60歳以降の継続雇用者選定については，一定のルールを設けることを前提に企業の裁量が認められていた。しかし法律の改正によって，先の選択肢の3番目は事実上希望者全員を再雇用しなければならない，つまり企業にとって「個別」の対応を行うことは，事実上不可能になった。

　企業を規定するのは競争の論理だから，当然格差を求める。しかし，行き過ぎた格差は不平等感を強めるから，これを埋めるのは行政の仕事である。しかも年金の受給は年齢という「一律」の基準で決められ，現在引き上げの途上にある。年金と雇用の空白を埋めるためには「一律」の対応が必要になる。「個別」の対応を志向する企業とは裏腹に，行政が「一律」の対応を求める理由は，この点にこそあると言えるだろう。

　以上，現在生じている人的資源管理にまつわるさまざまな「ズレ」について検討してきた。こうしたさまざまなズレは，従来の日本企業の人的資源管理が，もはや環境変化に適合できなくなっていることを示している。成果主義を全従業員に適応するのであれば，新規学卒採用は見直す必要があるし，仕事の裁量性に関しては，職場に留まるか帰宅するかを個々人の判断で決められるようにしなければならない。60歳以降の雇用延長については，今少し企業の裁量が認められても良いだろう。最大の問題は，「非正社員」があたかも「正社員」のように拘束されている現状であり，これでは労働条件に格差を設ける大義名分は

なきに等しい。「正社員」のような「非正社員」は，名実共に「正社員」にするか，さもなければ「非正社員」に見合う仕事に留めるか，いずれかにすべきだろう(4)。

　本書の冒頭でも述べたが，人的資源管理は，企業活動の「目的」ではなく，あくまでも「手段」にすぎない。従来のやり方の中で残すべきものは残し，時代遅れになったものは改めていく，こうした臨機応変の対応を採ることに躊躇があってはならないのである。

＜注＞

(1)　この点については浅海（2006），佐藤・武石（2004），武石（2006），内閣府男女共同参画局・ポジティブ・アクション研究会（2007），労働省女性局編（1999），脇坂明・電機連合総合研究センター編（2002）などを参照のこと。

(2)　この章は，八代（充）（2007b）に加筆・修正を施したものである。

(3)　この部分の記述は，八代（充）（2013a）に依拠するところが大きい。

(4)　正社員と，仕事内容や責任が正社員と同一であるパートタイマーを差別的に処遇することを禁じたパートタイム労働法が改正された2008年は，パートタイマーを正社員に登用する動きが相次いだ。

コラム ③ 　　　人事制度改革の失敗理由

バブル経済崩壊後 20 年以上に渡って, 企業は人事制度改革に取り組んできた。しかし, ジョブグレード, 役割等級制度, 多面評価制度, 社内公募制度, などさまざまな人事制度が導入されたが, どれも捗々しい成果を挙げたとは言い難い。その理由や如何。

第 1 点は, それが「ファッション」で導入されたことだ。「人事は流行に従う」というのは社会学者の名 (迷!) 文句であるが, この世界でパリコレに相当するのはビジネススクールとコンサルティング会社である。ここで生まれた制度が日本に上陸して大企業に導入され, コンサルタントに「同業で導入していないのは, 御社だけですよ」などと殺し文句を囁かれると, 高いコストをかけて新しい制度を導入してしまう。しかしその成果は？といった話は枚挙に暇がない。

第 2 点。「攻城戦」に長けたコンサルタント会社の営業マンは, まずトップを攻略する。立て板に水のプレゼンでトップマネジメントを説得し, 後はトップから人事部に「御下問」をさせれば, 人事部的には「ビミョー」な制度であっても, 彼らは立場上従わざるを得ない。

そして第 3 点。人的資源管理はさまざまな人事制度と相互依存関係にあり, 既存の制度と相性が悪ければ効果が上がらない。要するに人事の世界にも「食い合わせ」が存在するのである。

誤解のない様に付け加えると, 人事制度改革が無意味であると言っているわけではない。意味のある制度や成功した改革も沢山あるだろう。ここで言いたいのは, 人事制度を変える前にやることがあるのではないかということだ。人的資源管理の成果は, 制度と運用の掛け算である。制度を変えても運用が変わらなければ成果は挙がらないし, 制度が変わらなくても運用次第で成果を挙げることも可能である。例えば, 年功制の権化の様に言われる職能資格制度も成果主義的運用は可能であろうし, 逆に職務等級が年功的に運用されることもある。新しい制度に飛びつく前に, 既存の制度を改定し, 運用に知恵を絞ることが必要ではないだろうか。

［参考文献］

■日本語文献

浅野純子・石川香織・粥川希望（2003）「職種別採用の可能性―初任配属選択のための職種別採用」『三田商学研究学生論文集』2002年度。

浅海典子（2006）『女性事務職のキャリア拡大と職場組織』日本経済評論社。

ジェームス・アベグレン著（占部都美監訳，1958）『日本の経営』ダイヤモンド社（新訳版：山岡洋一訳，2004，日本経済新聞社）。

石田英夫（1985）『日本企業の国際人事管理』日本労働協会。

石田光男（1990）『賃金の社会科学―日本とイギリス』中央経済社。

伊丹敬之・松永有介（1985）「中間労働市場論」『日本労働協会雑誌』312号。

市川貴浩・太田良浩人（2013）「昇進格差から見る日本企業における『遅い昇進』の変化」『三田商学研究学生論文集』2012年度。

一守靖（2016）『日本的雇用慣行は変化しているのか―本社人事部の役割』慶應義塾大学出版会。

稲上毅（2002）「出向・転籍という雇用慣行―終身雇用圏と外部市場化のはざまで」『日本労働研究雑誌』501号。

今田幸子・平田周一（1995）『ホワイトカラーの昇進構造』日本労働研究機構。

今野浩一郎（1998）『勝ちぬく賃金改革―日本型仕事給のすすめ』日本経済新聞社。

今野浩一郎（2008）『人事管理入門〈第2版〉』日本経済新聞社。

岩出博（2000）『新版 LECTURE 人事労務管理』泉文堂。

岩出博（2002）『戦略的人的資源管理の実相―アメリカ SHRM 論の研究ノート』泉文堂。

奥林康司他（1992）『労務管理入門（増補版）』有斐閣新書。

尾高煌之助（1993）「『日本的』労使関係」岡崎哲二・奥野正寛編『現代日本経済システムの源流』日本経済新聞社，所収。

ジョージ・オルコット（平尾光司他訳，2010）『外資が変える日本的経営―ハイブリッド経営の組織論』日本経済新聞出版社。

関西経営者協会（1995）『人事考課制度の現状と今後の方向に関する調査』関西経営者協会。

神尾真知子（1999）『法律から見た終身雇用と整理解雇』佐野・宮本・八代編（1999），所収。

ピーター・キャペリ（若山由美訳，2001）『雇用の未来』日本経済新聞社。

菊野一雄（1982）『労務管理の基礎理論』泉文堂。

楠田丘（石田光男監修・解題，2004）『賃金とは何か―戦後日本の人事・賃金制度史』中央経済社。

熊沢誠（1997）『能力主義と企業社会』岩波新書。

黒澤昌子・玄田有史（2001）「学校から職場へ―『七・五・三』転職の背景」『日本労

働研究雑誌』490号。

玄田有史（2001）『仕事のなかの曖昧な不安－揺れる若年の現在』中央公論新社。

小池和男（1977）『職場の労働組合と参加－労資関係の日米比較』東洋経済新報社。

小池和男（1981）『日本の熟練―すぐれた人材形成システム』有斐閣選書。

小池和男（1994）『日本の雇用システム－その普遍性と強み』東洋経済新報社。

小池和男（2005）『仕事の経済学（第3版）』東洋経済新報社。

小池和男編（1991）『大卒ホワイトカラーの人材開発』東洋経済新報社。

小池和男・猪木武徳編（2002）『ホワイトカラーの人材形成―日米英独の比較』東洋経済新報社。

神代和欣・山口浩一郎・八代充史（2002）『ヒューマン・リソース・マネジメント』放送大学教育振興会。

厚生労働省大臣官房統計情報部編（2002）『平成14年版雇用管理の実態』労務行政研究所。

厚生労働省大臣官房統計情報部編（2003）『平成15年版雇用管理の実態』労務行政研究所。

厚生労働省大臣官房統計情報部編（2004）『平成16年版雇用管理の実態』労務行政研究所。

厚生労働省大臣官房統計情報部編（2007）『平成19年就労条件総合調査』厚生労働省。

厚生労働省（2013）『平成25年「高年齢者の雇用状況」』厚生労働省。

高年齢者雇用開発協会（1983）『高齢化社会における人事管理の指針』高年齢者雇用開発協会。

高年齢者雇用開発協会（1984）『定年延長と人事管理の動向』高年齢者雇用開発協会。

高年齢者雇用開発協会（1985）『高齢化社会における人事管理の展望』高年齢者雇用開発協会。

小林舞香, 山本遥之（2012）「管理職層と賃金制度－職能資格制度は管理職層に有効か」『三田商学研究学生論文集』2011年度。

雇用職業総合研究所（1987）『広域人事異動と雇用調整に関する実態調査報告書』雇用職業総合研究所。

雇用情報センター（1998）『採用システムの変化と人事・労務管理に関する調査研究報告書』雇用情報センター。

櫻庭涼子（2009）「年齢差別と高齢者雇用」『Business Labor Trend』12月号。

酒向真理（1995）「日本の多国籍企業における技能訓練・生産性・品質管理」青木昌彦・ロナルド・ドーア編『国際・学際研究　システムとしての日本企業』NTT出版, 所収。

笹島芳雄（1995）『賃金決定の手引き』日経文庫。

佐藤博樹・武石恵美子（2004）『男性の育児休業―社員のニーズ, 会社のメリット』中公新書。

佐藤博樹・藤村博之・八代充史（2006）『マテリアル人事労務管理（新版）』有斐閣。

佐藤博樹・藤村博之・八代充史（2015）『新しい人事労務管理（第 5 版）』有斐閣アルマ。

佐野陽子（1989）『企業内労働市場』有斐閣選書。

佐野陽子・宮本安美・八代充史編（1999）『人と企業を活かすルールしばるルール—これからの労働法制を考える』中央経済社。

三和総合研究所（1995）『評価制度に関する調査研究報告書』三和総合研究所。

篠塚英子（1989）『日本の雇用調整—オイルショック以降の労働市場』東洋経済新報社。

清水克洋・谷口明丈・関口定一編（2019）『団塊の世代の仕事とキャリア—日本の大企業における大卒エリートのオーラル・ヒストリー』中央大学出版部。

社会経済生産性本部（1994）『評価・処遇システムの新設計』社会経済生産性本部。

社会経済生産性本部経営アカデミー（2001）「今求められている個人選択型人事制度」『平成12年度経営アカデミー人事労務コースグループ研究報告書』社会経済生産性本部。

社会経済生産性本部社会労働部編（2005）『2005年度版日本的人事制度の現状と課題』生産性労働情報センター。

社会経済生産性本部（2006）『裁量労働制の導入と外部効果に関する調査研究報告書』社会経済生産性本部。

S. M. ジャコービィ（荒又重雄他訳，2005a）『雇用官僚制—アメリカの内部労働市場と'良い仕事'の形成史【増補改訂版】』北海道大学図書刊行会。

S. M. ジャコービィ（鈴木良治他訳，2005b）『日本の人事部・アメリカの人事部—日本企業のコーポレート・ガバナンスと労使関係』東洋経済新報社。

城繁幸（2006）『若者はなぜ 3 年で辞めるのか？—年功序列が奪う日本の未来』光文社新書。

白井泰四郎（1992）『現代日本の労務管理（第 2 版）』東洋経済新報社。

白木三秀（1995）『日本企業の国際人的資源管理』日本労働研究機構。

白木三秀（2006）『国際人的資源管理の比較分析—「多国籍内部労働市場」の視点から』有斐閣。

菅山真次（2011）『「就社」社会の誕生』名古屋大学出版会。

須田敏子（2004）『日本型賃金制度の行方—日英の比較で探る職務・人・市場』慶應義塾大学出版会。

須田敏子（2010）『戦略人事論—就争優位の人材マネジメント』日本経済新聞出版社。

生産性労働情報センター（1994）『評価・処遇システムの新設計』社会経済生産性本部。

清家篤（2000）『定年破壊』講談社。

武石恵美子（2006）『雇用システムと女性のキャリア』勁草書房。

橘木俊詔（1997）『昇進のしくみ』東洋経済新報社。

鶴光太郎（2016）『人材覚醒経済』日本経済新聞出版社。

中馬宏之・樋口美雄（1997）『労働経済学』岩波書店。

ロナルド・ドーア編『国際・学際研究　システムとしての日本企業』NTT 出版，所収。

P. B. ドーリンジャー＝M. J. ピオレ（白木三秀監訳, 2007）『内部労働市場とマンパワー分析』早稲田大学出版部。

東京都労働経済局職業安定部（1998）『高齢者の継続雇用制度確立に関する調査報告書』東京都労働経済局。

内閣府男女共同参画局・ポジティブ・アクション研究会（2007）『ポジティブ・アクション研究会報告書』内閣府男女共同参画局。

夏目孝吉（2006）「売り手市場到来で新卒採用は通年化へ―学生が企業を選ぶ『厳選就職』で『内定辞退』続出」『日本労働研究雑誌』557号。

新穂徳仁・春成勇樹・川上由布（2008）「日本における経営幹部候補育成方法の変化―日本企業・外資系企業との比較を通じて」『三田商学研究学生論文集』2007年度。

日経連能力主義管理研究会編（1969）『能力主義管理―その理論と実践』日本経営者団体連盟弘報部。

日経連オーラルヒストリー研究会（2011）『日本経営者団体連盟と戦後の労務管理(1)―日経連50年と職務分析センターを中心に』慶応義塾大学産業研究所。

日経連オーラルヒストリー研究会（2013）『日本経営者団体連盟と戦後の労務管理(2)―新時代の「日本的経営」』慶応義塾大学産業研究所。

日本経営者団体連盟（1995）『新時代の「日本的経営」―挑戦すべき方向とその具体策』日本経営者団体連盟。

日本経営者団体連盟・関東経営者協会（1996）『「新時代の日本的経営」に関するフォローアップ調査報告』日本経営者団体連盟。

日本経営者団体連盟・関東経営者協会（1998）『第 2 回「新時代の日本的経営」に関するフォローアップ調査報告』日本経営者団体連盟。

日本在外企業協会（1999）『アジアにおける欧米多国籍企業の人材戦略』日本在外企業協会。

日本生産性本部（2016）『第15回日本的雇用・人事の変容に関する調査報告―日本的雇用・人事システムの現状と課題』日本生産性本部。

日本労働研究機構（1992）『大卒社員の初期キャリア管理―配置・定着の実態』日本労働研究機構。

日本労働研究機構（1993a）『大企業ホワイトカラーの異動と昇進―「ホワイトカラーの企業内配置・昇進に関する実態調査」結果報告』日本労働研究機構。

日本労働研究機構（1993b）『大卒社員の初期キャリアに関する調査研究報告書―大卒社員の採用・配属・異動・定着』日本労働研究機構。

日本労働研究機構（1998a）『管理職層の雇用管理システムに関する総合的研究（下）』日本労働研究機構。

日本労働研究機構（1998b）『国際比較：大卒ホワイトカラーの人材開発・雇用システム―日，米，英，独の大企業(2)アンケート調査編)』日本労働研究機構。

日本労働研究機構（2000）『変革期の大卒採用と人的資源管理』日本労働研究機構。

沼上幹（2003）『組織戦略の考え方―企業経営の健全化のために』ちくま新書。

ダニール・ネルスン（小林康助・塩見治人監訳，1978）『20世紀新工場制度の成立―現代労務管理確立史論』広文社。

花田光世（1987）「人事制度における競争原理の実態―昇進・昇格のシステムから見た日本企業の人事戦略」『組織科学』21巻2号。

花見忠・桑原靖夫編（1993）『あなたの隣人 外国人労働者』東洋経済新報社。

樋口美雄（1996）『労働経済学』東洋経済新報社。

兵藤釧（1980）『日本における労資関係の展開』東京大学出版会（復刊版，初版1971年）。

ジェフェリー・フェファー（佐藤洋一監訳，1998）『人材を生かす企業―経営者はなぜ社員を大事にしないのか』トッパン，1998年。

福岡道生（2002）『人を活かす！現場からの経営労務史』日経連出版部。

藤村博之（1989）「成績査定の国際比較」『日本労働協会雑誌』362号。

藤村博之（1992）「賃金体系の改訂と労働組合の対応―成績査定に対する組合の考え方と賃金格差」橘木俊詔編『査定・昇進・賃金決定』有斐閣，所収。

ピーター・A・ホール＝デヴィッド・ソスキス（遠山弘徳，我孫子誠男，山田鋭夫，宇仁宏幸，藤田菜々子訳，2007）『資本主義の多様性―比較優位の制度的基礎』ナカニシヤ出版。

松原宗宏（2006）「新規学卒者は何故企業に定着しないのか？―企業側の意識・行動の変化からのアプローチ」未公刊論文。

森五郎編（1989）『労務管理論（新版）』有斐閣双書。

八代充史（1995）『大企業ホワイトカラーのキャリア―異動と昇進の実証分析』日本労働研究機構。

八代充史（2002）『管理職層の人的資源管理―労働市場論的アプローチ』有斐閣。

八代充史（2003a）「高齢者雇用政策と人的資源管理」日本労働研究機構『実践的な労働政策のありかた，手法を求めて』日本労働研究機構，所収。

八代充史（2003b）「個人選択型人事制度」菊野一雄・八代充史編著『雇用・就労変革の人的資源管理 （シリーズ人的資源を活かせるか①）』中央経済社，所収。

八代充史（2003c）「成果主義人事制度の実態と今後の課題」土田道夫・山川隆一編『成果主義人事と労働法』日本労働研究機構，所収。

八代充史（2004）「社内公募制度と多面評価制度―ホワイトカラーは仕事と上司を選べるか」廣石忠司・福谷正信・八代充史編『21世紀の評価制度―評価・処遇システムの新展開』生産性労働情報センター，所収。

八代充史（2005）「イギリスの投資銀行―日系企業と非日系企業における管理職層」『日本労働研究雑誌』545号。

八代充史（2006）「これからの裁量労働制のあり方」社会経済生産性本部（2006），所収。

八代充史（2007a）「投資銀行における賃金制度の資本国籍間比較―ロンドンと東京」『日本労働研究雑誌』560号。

八代充史（2007b）「何が過剰労働を引き起こすのか―労務管理の現場から」『三田評論』

3月号。

八代充史（2008a）「『書かれた歴史』と『話された歴史』―オーラル・ヒストリーによって歴史研究が進んでほしい」日本経団連事業サービスウェブサイト・ビジネスコラム（10月8日）。http://www.keidanren-jigyoservice.or.jp/column/index.php

八代充史（2008b）「人事制度の国際比較―多国籍企業内労働市場における収斂と差異化」『賃金・労働通信』61巻3号。

八代充史（2008c）「ロンドンの日系金融機関における日本人出向者の役割」『三田商学研究』50巻6号。

八代充史（2011）「管理職の選抜・育成から見た日本的雇用制度」『日本労働研究雑誌』606号。

八代充史（2013a）「六五歳現役社会における『一律』と『個別』」『BUSINESS LABOR TREND』4月号。

八代充史（2013b）「組織フィールドの変化と日本的雇用制度―『戦略人事論』、『外資が変える日本的経営』、『雇用システムの多様化と国際的収斂』を通じて」『三田商学研究』56巻2号。

八代充史（2017）『日本的雇用制度はどこへ向かうのか―金融・自動車業界の資本国籍を超えた人材獲得競争』中央経済社。

八代充史他編（2010）『能力主義管理研究会オーラルヒストリー―日本的人事管理の基盤形成』慶應義塾大学出版会。

八代充史他編（2015）『「新時代の『日本的経営』」オーラルヒストリー―雇用多様化論の起源』慶應義塾大学出版会。

八代尚宏（1980）『現代日本の病理解明―教育・差別・福祉・医療の経済学』東洋経済新報社。

山内麻理（2013）『雇用制度の多様化と国際的収斂―グローバル化への変容プロセス』慶應義塾大学出版会。

連合総合生活開発研究所（2000）『裁量労働制の適用可能性に関する調査研究報告書』連合総合生活開発研究所。

労働省職業安定局高齢者対策部編（1985）『60歳台前半層雇用対策研究会報告書』大蔵省印刷局。

労働省女性局編（1999）『「ファミリーフレンドリー」企業をめざして』大蔵省印刷局。

労働省政策調査部編（1999）『平成11年版雇用管理の実態』労務行政研究所。

労働政策研究・研修機構（2006）『第4回日系グローバル企業の人材マネジメント調査結果』労働政策研究・研修機構。

労働政策研究・研修機構（2007）『高齢者継続雇用に向けた人事労務管理の現状と課題』労働政策研究・研修機構。

労働政策研究・研修機構（2008）『第7回海外派遣勤務者の職業と生活に関する調査結果』労働政策研究・研修機構。

65歳現役社会研究会（1997）『65歳現役社会の政策ビジョン』大蔵省印刷局。

脇坂明・電機連合総合研究センター編（2002）『働く女性の21世紀—いま，働く女性に労働組合は応えられるか』第一書林。

■英語文献

DiMaggio, P. J. & Powell, W. W. (1983) "The Iron Cage Revisited：Institutional Isomorphism and Collective Rationality in Organizational Fields", *American Sociological Review*, Vol.48, No.2, pp.147-160.

Ken, Ariga, Giorgio Brunello and Ohkusa Yasushi (2000), *Internal labor Markets in Japan*, Cambridge University Press.

OECD (1993), *Employment Outlook*, OECD.

Roomkin, Myron J. (ed.) (1989), *Managers as Employees: An International Comparison of the Changing Character of Managerial Employment*, Oxford University Press, 1989:

Rosenbaum, James E. (1984), *Career Mobility in a Corporate Hierarchy*, Academic Press.

Stewart, Rosemary (1994), *Managing Today and Tomorrow*, The Macmillan Press Ltd.

Stewart, Rosemary, et al. (1994), *Managing in Britain and Germany*, St. Martin's Press.

Storey, John, et al. (1991), 'Managerial Careers and Management Development: a Comparative Analysis of Britain and Japan', *Human Resource Management Journal*, Vol. 1, No 3.

Storey, John, Paul Edwards and Keith Sisson (1997), *Managers in the Making: Careers, Development and Control in Corporate Britain and Japan*, SAGE Publications.

索　引

た　行

わ　行

■著者紹介

八代　充史（やしろ　あつし）

慶應義塾大学商学部教授。博士（商学）。
1959年生まれ。1987年慶應義塾大学大学院商学研究科博士課程単位取得退学。
日本労働研究機構勤務を経て，1996年慶應義塾大学商学部助教授。2003年同教授。
〈主著〉『大企業ホワイトカラーのキャリア』（日本労働研究機構，1995年）
　　　『管理職層の人的資源管理』（有斐閣，2002年）
　　　『雇用・就労変革の人的資源管理』（共編著，中央経済社，2003年）
　　　『ライブ講義　はじめての人事管理』（共著，泉文堂，2010年）
　　　『新しい人事労務管理（第5版）』（共著，有斐閣アルマ，2015年）
　　　『日本的雇用制度はどこへ向かうのか』（中央経済社，2017年）

人的資源管理論〈第3版〉
■理論と制度

2009年3月20日　第1版第1刷発行
2012年9月20日　第1版第3刷発行
2014年2月10日　第2版第1刷発行
2018年1月30日　第2版第4刷発行
2019年9月1日　第3版第1刷発行

著　者　八　代　充　史
発行者　山　本　　　継
発行所　㈱中央経済社
発売元　㈱中央経済グループ
　　　　パブリッシング

〒101-0051　東京都千代田区神田神保町1-31-2
　　　　　　電話　03（3293）3371（編集代表）
　　　　　　　　　03（3293）3381（営業代表）
　　　　　　http://www.chuokeizai.co.jp/
　　　　　　印刷／昭和情報プロセス㈱
　　　　　　製本／誠　製　本　㈱

© 2019
Printed in Japan